上编 · 历史文化

市不遂

洙 萬里通西國千 上有石平沙迷舊路

永攜藤杖入煙沒下重臺一入重泉

日暮龍媒永未歸

萬里通西國千

平沙迷舊路

敦煌有三处世界文化遗产

联合国教科文组织负责的，保护全人类具有杰出普遍价值的自然或文化处所，即世界文化遗产，中国有 50 多处，而地处西北的县级市甘肃敦煌，占有 3 处，这是少有的。姜亮夫先生曾说："整个人类的历史都在敦煌，它为什么不至贵？"（姜亮夫：《敦煌学概论》，北京出版社，2011 年）敦煌的 3 处世界文化遗产是众人皆知的莫高窟，还有玉门关和悬泉置。

一、莫高窟

莫高窟（图 1）位于敦煌市东南 25 公里的鸣沙山东麓断崖上，坐西朝东，前临宕泉河，面对三危山。这里泉水淙淙、绿树葱茏。三四层洞窟排列有致，断崖和周边荒远自然，犹如世外仙境。

莫高窟始建于前秦建元二年（366 年），后经北凉、北魏、西魏、北周、隋、唐、五代、宋、回鹘、西夏、元 11 个朝代，至今已有1600 多年，现有洞窟 492 个，若加上北区，共有 735 个。莫高窟石窟群还包括：西千佛洞（敦煌城西南 35 公里处），现有洞窟 19 个；

　　榆林窟（位于瓜州县西南 70 公里处），有洞窟 41 个；东千佛洞（位于瓜州县桥子乡南 30 公里处），现有洞窟 23 个；五个庙石窟（位于肃北蒙古族自治县之城北 20 公里处），现存洞窟 22 个（残窟 12 个）等。

　　莫高窟是世界上现存规模最大、时间最长、内容最丰富的佛教艺术宝库，它展示了延续千年的佛教艺术，反映了中古时期的宗教和社会情况，是建筑、雕塑、壁画三结合的立体艺术。其中有彩塑 2400 余身，最大的高达 33 米，最小的仅有鸡蛋大小。人体形象有

图 1　莫高窟遗址

佛、菩萨力士、俗人等，立、跪、卧各种形象都有，善、怒、刚、威、悲、憨各种神态齐备。物体形象有龙、蛇、狮、象、禽鸟等。特别是唐代彩塑，已达到"人物丰浓，肌胜于骨"的艺术高度。壁画是在窟顶、四壁、四坡及佛座的彩色画面，它对塑像起补充和烘托作用，对佛窟有装饰美化作用。壁画内就有以宣传佛教教义为宗旨的佛教本生故事、经变图、神话等，还有耕牧图、逐猎图、商旅图、游乐图、战争图等世俗画。古代各族习俗、服饰也在壁画中有丰富图像。洞窟中丰富多彩的图案纹样，是工艺美术的宝贵资料。石窟建筑、建筑实物、壁画中的古代建筑是莫高窟建筑艺术的三个内容。石窟建筑有中心塔式、覆斗顶窟、殿堂式三种形式。建筑实物遗存有196窟晚唐残窟檐一座、宋初窟檐四座、宋初慈氏木塔一座。还有敦煌民众在清末民初集资修建的96窟外九层楼，形态特殊，已成莫高窟的标志性建筑。这些都十分珍贵。

　　清光绪二十六年（1900年）在莫高窟第17窟（藏经洞）发现了大宗古代写本及少量印本文书，被称为敦煌遗书。这批文书约5万件。有题款年代的近千件，最早的题年为前秦甘露元年（359年），最晚的为北宋咸平五年（1002年）。敦煌遗书的内容有三部分：1.宗教典籍。90%是佛教典籍，有经、律、疏释、赞文等。道教内容有500件左右，还有一些摩石尼教、景教等文书。2.官私文书。有官牒、籍册、账册、寺院文书等。3.中国四部书。经、史、子、集都有。遗书内容涉及政治、经济、天文、地理、历史、宗教、民族、民俗、书法、乐舞等诸多方面。这些珍贵的历史遗存记录反映了中华民族的历史，让我们增加了民族自豪感。

　　这是人类近代文化史上一次重大发现。藏经洞文物发现后，英、法、俄、日、美盗宝者们先后到敦煌，盗走了大批遗书。现在，世界上有 13 个国家的 30 多个机构和不少私人手中，都藏有敦煌遗书，这是十分令人痛惜和愤慨的事。百年来，中、日、欧美许多学者争相研究敦煌遗书，形成了新兴的学科敦煌学。敦煌学主要研究中国历史地理、中国文学、考古和艺术史、语言学、宗教、古代科技、中外文化交流等诸多方面，丰富而庞杂。

　　1987 年，莫高窟被联合国教科文组织列入世界文化遗产名录。莫高窟影响和成就了大批艺术家和学者，这是无法量化和数说的。向达、张大千、饶宗颐都曾来莫高窟学习研究，常书鸿、段文杰都坚守在此半个世纪。

二、玉门关

　　2014 年 6 月 22 日，敦煌玉门关（图 2）和悬泉置遗址被列入丝绸之路跨国文化遗产名录。

　　汉代玉门关在今敦煌市西北 180 公里处，唐五代敦煌地志《沙州图经》载："玉门关，周四一百卅步，高三丈。"相传于阗美玉经此转入中原，故名。玉门关是汉朝通往西域的门户，西出可去车师、楼兰、疏勒等地。隋唐时，玉门关东徙至瓜州县东北 80 余里，今双塔堡一带。以前人们多认为今小方盘城即古玉门关，近年来专家们认为，玉门关在小方盘城西 150 米处的长城线上。

　　联合国教科文组织将玉门关列为世界文化遗产，并不仅仅是因

图 2　玉门关遗址

为有关城遗址，而是距今 2000 多年的玉门关长城沿线，有两座城址、十几处长城、20 多座烽燧，保存了见证汉代交通和防御的格局、方位、规模、整体网络、地貌特征和材料体系。如今的玉门关长城线一带，荒野茫茫、人迹寥寥，"春风不度玉门关"的意境、古代边防的遗存，会让人感到个体的渺小和中华民族的伟大，进而敬畏历史。

　　敦煌境内的边塞长城，是从酒泉郡延伸而来的，从古冥泽西南岸起，向西延伸至小方盘城以西吐火罗泉烽燧，东西长约 300 公里。现在，玉门关以西 5 公里处当谷燧附近的一处汉长城保存还比较完整，墙残高 2.6 米，经过 2000 年风雨剥蚀，还坚固不倒。这一带还有各朝代的烽燧及遗址 140 余处，其中汉唐时期的 70 多座。专家考证出处所和名称的有广昌、厌胡、广武、青堆、河仓等 30 余个。

长城和烽燧都是就地取材，用柴草层和沙砾黄土筑成。烽燧间的距离一般为 2 至 3 公里。

汉长城由都尉负责防守，都尉是辅佐郡太守的武官，各郡设 2 至 4 个都尉。敦煌境内北线的长城为宜禾、中部和玉门三都尉管辖。玉门都尉的府治设在玉门关，所辖烽燧 22 座。南境还有阳关都尉。各都尉下设 2 至 4 个侯官，侯官下分若干部，各个部分管 5 至 8 座烽燧。各座烽燧设燧长 1 人、戍率 2 至 3 人。戍守部队的任务，除了警戒、防守、抵御外，还有修缮塞障和屯田，一般没有野战任务。烽火的使用，随时间、地点、用途不同而异。报警传递的形式有升黑、白旗，升"T"形红布、升灯、放烟等。专家考证出，汉代烽燧传警速度一昼夜约 1800 里（折今 1300 余里），唐代 2000 里（折今 2239 里）。这是古代的无线电系统，古人的智慧由此而知。

三、悬泉置

悬泉遗址（图 3）位于今敦煌市东 61 公里瓜敦公路南侧，总面积约 22500 平方米，因其东南谷内 2 公里有汉唐名为"悬泉"的水泉而得名。遗址由坞、传舍、厩、仓等组成。西汉称"置"，东汉称"驿"，东晋末废弃。这里是两汉以来中西交通必经之处。甘肃省考古研究所于 1990 年至 1992 年在此进行考古发掘，出土简牍 2.3 万余枚，另有墙壁墨书西汉诏令 101 行，汉代麻纸文书 9 件，其他遗物 7 万余件。

这批简牍数量大、内容丰富，被称为"悬泉汉简"，和敦煌汉

简并称。悬泉汉简的纪年，最早为西汉武帝太始三年（前94年），最晚为东汉安帝永初元年（107年）。悬泉置隶属敦煌郡效谷县，设置丞、厩、厨等啬夫，还有置佐、厩佐、厨佐小吏等，担负传递官府文书、接待过往官员，提供食宿、车马、草料，负责地方治安及垦种等任务。悬泉遗址的发现，为研究汉代邮驿、屯田、边防、中西交通、民族关系及西北地区的政治、经济、法律提供了丰富的资料。

汉武帝太初元年（前104年），武帝命贰师将军李广利率数万大军伐大宛，李兵败退回敦煌，想回京城，但武帝下令"军有敢入，

图 3　悬泉置遗址

斩之"。李广利只得留驻敦煌。一年多后，朝廷再在敦煌集结大军6万，牛10万头，马10万匹，驴、驼万余，再次出征，获胜而归。《西凉异物志》载："汉贰师将军李广利，西伐大宛，迥（回）至此山，兵士众渴之（乏），广（利）乃以掌拓山，仰天悲誓，以佩剑刺山，飞泉涌出，以济三军。人多皆足，人少不盈，侧出悬崖，故曰悬泉。"对此事，描写敦煌名胜古迹的晚唐诗作《敦煌廿咏》中有首《贰师泉咏》：

> 贤哉李广利，为将讨匈奴。
> 路指三危迥，山连万里枯。
> 抽刀刺石壁，发矢落金乌。
> 志感飞泉涌，能令士马苏。

说明直到唐代，此处仍很有名。

现在，悬泉水仍自丈余高处溢泻而下，历史记载传说和悬泉置遗址相得益彰，增加了悬泉遗址的文化内涵。

敦煌遗书中的经典

　　1900 年出土的敦煌藏经洞遗书中，经、史、子、集全有，所以它被称为中古图书馆，引起了学界的高度关注。

　　为读书和藏书方便，古人把书籍分为经、史、子、集四部分。经部包括被奉为儒家经典的"十三经"，即《易经》《诗经》《尚书》《周礼》《仪礼》《礼记》《春秋左传》《春秋公羊传》《春秋谷梁传》《论语》《孝经》《尔雅》《孟子》。史部包括各种体裁的历史著作，其中尤以《史记》到《清史稿》《新元史》为止的二十六史为代表。此外野史、清典、地志、职官、政书、时令等凡记事书籍，均被列入史部。子部包括哲学、名学、法学、医学、算学、兵学、天文学、农学等。此外，宗教、宋明理学、清代的考据学等内容均归于子部。集部包括历代作家的散文、骈文、诗、词、曲等集子和文学评论著作。

　　顺此内容谈敦煌遗书，现在一般读者可能有陌生感或零乱感。因此，下面想从佛教经典、道教经典和儒家经典入手，简单介绍一下敦煌遗书中的经典。遗书中的其他部分，后面各篇略有介绍。

一、佛教经典

我国大量的印刷书籍，是在五代以后。宋太祖开宝四年（971年）印刷的《大藏经》是第一部佛藏。现有的佛经，大多是南宋以后的刻本。

敦煌藏经洞出土的写本和印刷品，被封存了900多年，许多佛教经典古写本，为《大藏经》所不收，所以它的文物价值和文献价值极高，都是稀世之宝。因为是佛教寺院的图书馆，保存的东西90%以上都是佛教典籍，也还有一些道教、摩尼教、景教经典。

敦煌的佛教文献，既有本地特色，又有中原影响，中国佛学的圆润、伦理、自然、实践等精神，都可在其中找到。佛教各宗各派的主要经典都有。

《般若波罗蜜多心经》是佛教的基本典籍之一，但历代《大藏经》所有唐以前注疏仅有8种，而敦煌遗书中存有唐以前《般若心经疏》10种，其中9种为传世《大藏经》所未见。

《维摩诘经》是大乘佛教主要经典之一，此经曾先后七译，在我国影响很大。敦煌遗书中保存了20余种该经注疏（图4），大多为历代《大藏经》所未见，是研究佛教中国化的重要资料。

禅宗是后来的佛教宗派，是中国佛教的主流。敦煌遗书保存了大量8世纪前后禅宗的典籍，《信心铭》《澄心论》《菩提达摩南宗是非论》《六祖坛经》《大乘五方便》等。《六祖坛经》是比较重要的禅宗典籍，有五个抄本，专家认为，最好的抄本是敦煌市博

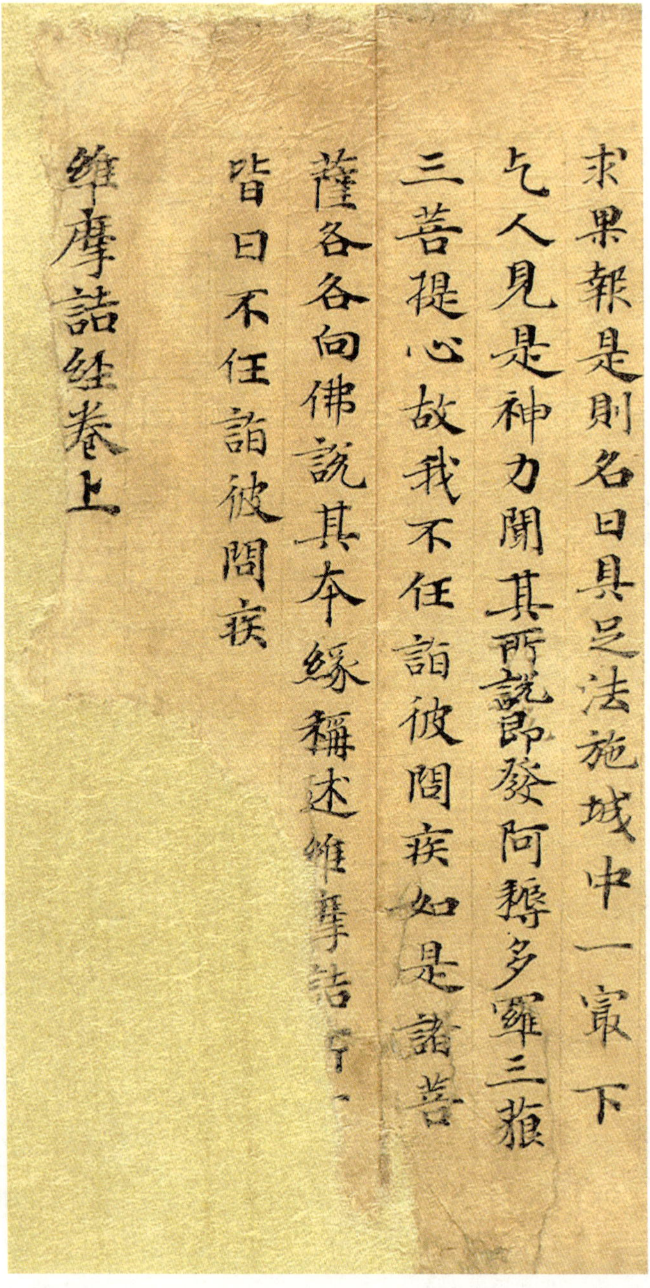

求果報是則名曰具足法施城中一寰下
乞人見是神力聞其所說即發阿耨多羅三
三菩提心故我不任詣彼問疾如是諸菩
薩各各向佛說其本緣稱述維摩詰〔言〕、
皆曰不任詣彼問疾

維摩詰経卷上

図4　S.3437《维摩诘经》
　　（局部）

图 5　P.2059《三阶佛法》
（局部）

物馆藏敦煌人任子宜旧藏本。

三阶教是佛教的一个宗派，隋唐后被取缔，到宋代，典籍大都湮没散佚，敦煌保存的三阶教经典有《三阶佛法》（图5）、《三阶佛法密记》《信行遗文》等。信行是创建三阶教的北周僧人，这些资料，对了解他的生平及三阶教的活动，提供了重要资料。

不少敦煌遗书写本，正面是译文，背面是译文的原文，或者两种文字对应共书一页（图6）。比如《金刚经》，背面就有很多奇怪的文字。佛经背面的这些民族文字很重要，有的民族由此而发现了自己的古文字情况。印度许多佛经和教派早已无存，但中国的敦煌有。敦

煌的佛教经典不仅有佛教历史，而且有印度历史。

敦煌遗书中的写经都附有题记，这些题记一般是说明了写经的时间、地点及供养人的姓名、身份、所写经名、缘由和所求功德（图7）。官府写经题记还记有用纸数、装潢手、初校、再校、详阅和监制者。这些内容丰富的写经题记，对了解写经的原因、经本翻译流传、民众对佛教的信仰、当时社会的政治经济情况都有重要价值。

此外，除正统佛教经典外，敦煌佛教遗书中更有价值的是一批

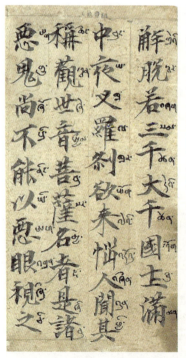

图6　P.t.1262《汉藏对音法花经·普门品》（局部）

图7　S.4216《大般若波罗蜜多心经》尾题

疑伪经、寺院文书、寺院账册、佛事功德文、讲经文、僧人传记、写经题记等，生动地反映了北朝至宋敦煌佛教信仰与行事活动。尤其难得的是，其中保存了8—11世纪敦煌世俗佛教十分丰富而又具体生动的资料，让人大开眼界。

二、道教经典

道教是中国的本土宗教，自北周以后，历代都有对道教经典的整理，但唐、宋、金、元历代编纂的道藏均已亡佚，现在传世的道藏为明代《正统道藏》和《万历续道藏》，很多早期的道教典籍均未能保存在传世道藏中。敦煌遗书中共保存了800多件有关道经的抄本。其中《正统道藏》未收的80多种，有超过半数的敦煌道教文献不见于传世的道藏。这批敦煌道教遗书对研究南北朝、隋唐道教史具有极为重要的价值。

《老子道德经》是道教的基本经典之一，敦煌遗书中有抄本，而且发现11种注疏，其中8种是传世道藏所无的佚书。

《老子想尔注》（S.6825），元代失传，敦煌本《老子想尔注》抄写于南北朝末，保存了原书上卷的部分内容，是研究早期道教的基本文献（图8）。

《太平经》是道教最早的一部大型道书，分为10部170卷，但传世道藏中仅存此书少部分，敦煌道经《太平部卷第二》（S.4226）有完整目录，揭示了《太平经》的原貌。

《老子化胡经》是说老子曾西越流沙，入夷狄教化胡人，把胡

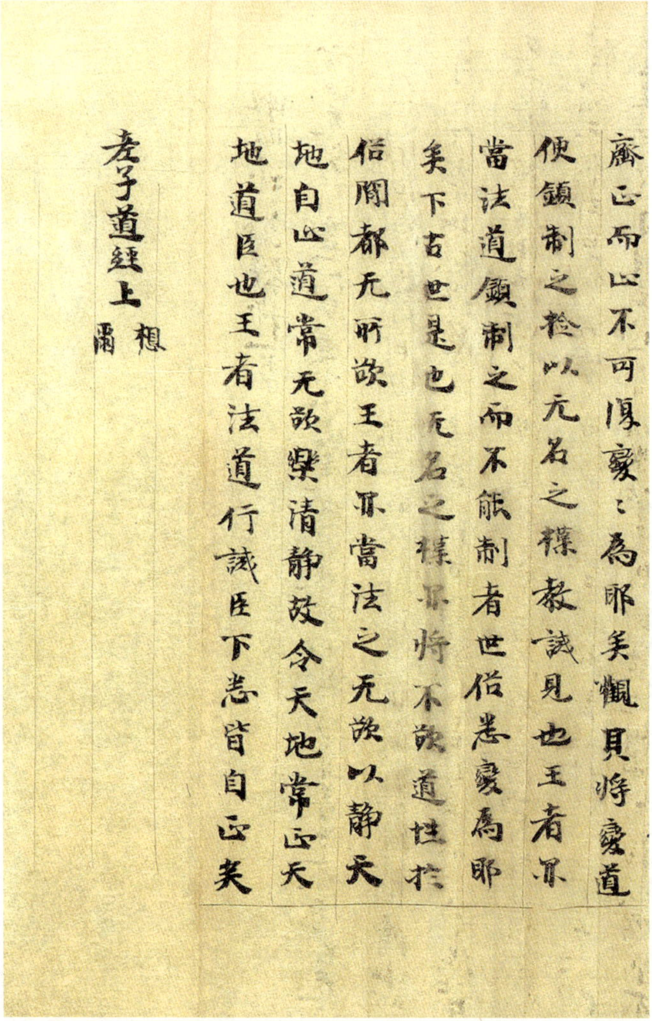

図 caption:

图8 S.6825《老子想尔注》
（局部）

人都感化了。这是道教徒为攻击佛教编的经书，这类道书被元世祖焚毁，后人遂无从了解其具体内容。敦煌遗书中保存了唐代《老子化胡经》10多件残抄本（P.2007等），对我们研究佛道两教关系

提供了重要资料。

敦煌遗书中还保存了一些道教类的文学作品，比如 P.3866 首页题《涉道诗》，共 28 首，作者李翔，唐宋以来书目、文献均未见著录这首诗。道教诗歌本不多见，这组诗想象丰富，气势豪迈，是敦煌诗歌中的珍品。其一为《题麻姑山庙》（图 9）：

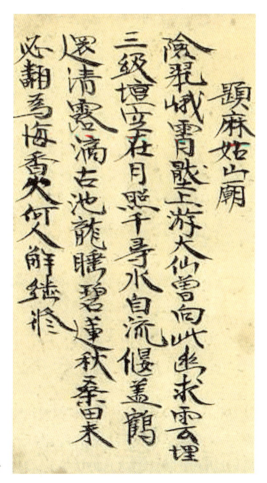

图 9　P.3866 李翔
《涉道诗·题麻姑山庙》

险翠峨霄压上游，大仙曾向此幽求。

云埋三级坛空在，月照千寻水自流。

偃盖鹤还清露滴，古池龙睡碧莲秋。

桑田未必翻为海，香火何人解继修。

三、儒家经典

敦煌遗书中保存的儒家经典共有 30 多种，300 多件，抄写年代为六朝到五代宋初。这些儒家典籍，不但是了解当时敦煌文化的重要资料，而且具有极重要的文物价值和校勘价值。

《尚书》是商周时期政事和部分追述上古君臣事迹的文献汇编，相传 100 篇，是研究我国上古史的重要资料，但其古本在秦焚书时失传。我们现在读的是唐代改定的《尚书》，此传本错误很多，给学者造成了很多困惑。敦煌遗书保存的 49 件《尚书》，计有《尧典》《舜典》（图 10）、《大禹谟》《泰誓》等 22 篇，是目前所知时代最早、数量最丰富的古《尚书》，保存了许多古注，使人们看到了《古文尚书》的模样，这是敦煌儒家经典中极重要的事。人们可据以判定宋本及宋以后各种传本的是非讹误，各注疏家聚讼纷纭的问题亦可借以获得解决。

《论语》是我国古代思想家、教育家孔子和他的弟子的言行集，东汉时，被列为儒家经典。汉以后，不断有学者为《论语》作注，以东汉郑玄的《论语注》、曹魏何晏的《论语集解》和萧梁皇侃的

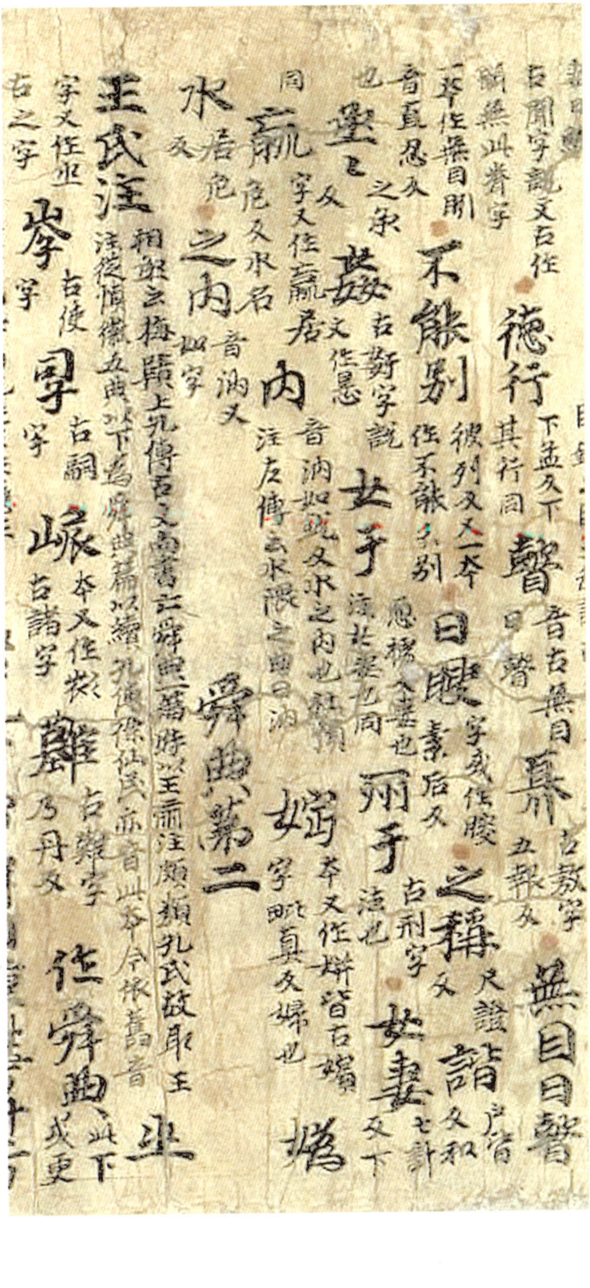

图 10　P.3315《尚书·舜典》
（局部）

《论语疏》最有影响。历代对《论语》的注释多在隋唐间失传，宋代作的《论语注疏》一直流传至今。

敦煌遗书中保存的 92 件《论语》写本都是《论语注疏》问世前的典籍。敦煌发现了皇侃的注本，皇侃把两汉和魏晋之间所有人讲《论语》的要点都收录在注中了，因而此本成了中国的宝典。据说当年章太炎先生见到此书，连说可贵，一生再没有见过这么好的书。

《诗经》是我国最早的一部诗歌总集，共收入西周初年至春秋中期大约 500 年间的诗歌 305 篇。此书从汉朝起被儒家奉为经典。现在传世的《诗经》是汉朝毛亨注本。敦煌写本《毛诗》均写于六朝、唐代（图 11），更接近《诗经》古本原貌，专家们用它已校勘出了传世本《诗经》的不少错误。

另外，敦煌遗书中的《礼记》《孝经》《左传》写本，都有重要的校勘价值。

敦煌遗书中保存的正史有《史记》《汉书》《三国志》和《晋书》，均为残本，但也有价值。比如《汉书》写本就与传世本注释有不同。

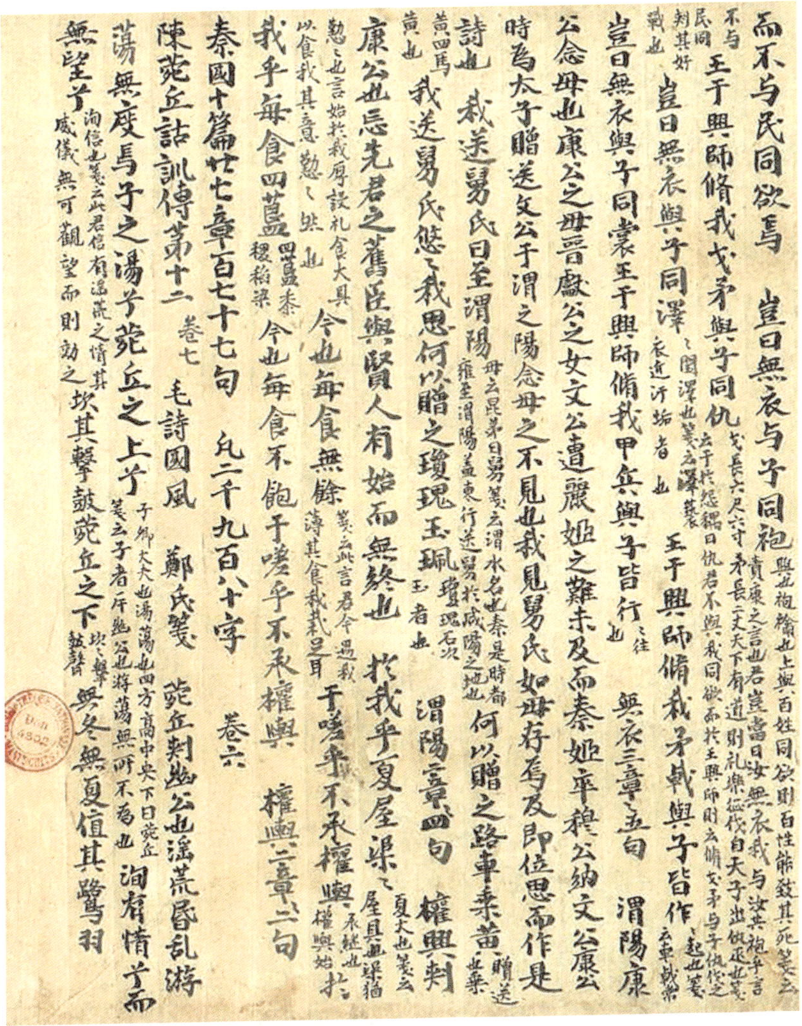
而不与民同欲焉 豈曰無衣与子同袍
王于興師脩我戈矛與子同仇
豈曰無衣與子同澤 王于興師脩我矛戟與子皆作
豈曰無衣與子同裳 王于興師脩我甲兵與子皆行 無衣三章章五句 渭陽康
公念母也康公之母晉獻公之女文公遭麗姬之難未反而秦姬卒穆公納文公康公
時為太子贈送文公于渭之陽念母之不見也我見舅氏如母存焉及即位思而作是
詩也 我送舅氏曰至渭陽 何以贈之路車乘黃
我送舅氏悠悠我思 何以贈之瓊瑰玉佩 渭陽二章章四句 權輿刺
康公也忘先君之舊臣與賢人有始而無終也 於我乎夏屋渠渠
今也每食無餘 于嗟乎不承權輿
我乎每食四簋 今也每食不飽 于嗟乎不承權輿 權輿二章章五句
秦國十篇廿七章百七十七句 凡二千九百八十字 卷六
陳宛丘詁訓傳第十二 卷七 毛詩國風 鄭氏箋 宛丘刺幽公也淫荒昏亂游
蕩無度焉 子之湯兮宛丘之上兮 洵有情兮而
無望兮 坎其擊鼓宛丘之下 無冬無夏值其鷺羽

图 11 P.2529

《诗经·秦风·无衣》

敦煌天文历法和翟奉达

一、敦煌遗书中的天文历日

在中国，历书是"天时"，相当于一个小百科全书。它包含着政治、经济、文化诸多方面的内容，各门类的研究者，都能从中了解和发现彼时彼地的许多社会问题。自古以来，统治者特别重视历法，从周代起，朝廷就给诸侯或地方守令颁赐历书，这是"奉正朔"。几千年的农耕社会，历书也是民众最喜欢的约定俗成的"法规"。

敦煌地区唐五代时期的天文历书，是极为珍贵的遗存。

唐德宗贞元二年（786年），吐蕃占领了敦煌，中原的历书无法行用到敦煌，"吐蕃使用地支和十二生肖纪年，这既不符合汉人所行之已久的干支纪年、纪月、纪日的习惯，也无法满足敦煌汉人日常生活的需要。于是，敦煌地区出现了当地自编的历书"。60多年后，敦煌本地人张议潮举义成功，敦煌重归唐朝。但由于战乱影响，去长安的通路往往不畅，归义军政权又有割据性，敦煌自编历日也成了习惯，所以敦煌地区仍然使用自编历日，一直延续了两

个世纪之久。这是一个较为特殊的历史现象。

敦煌莫高窟藏经洞出土的数万件遗书中，天文历法有 60 余件，绝大部分是敦煌地方自编的历书。这些历书，有上起北魏太平真君十一年（450 年）、下迄北宋淳化四年（993 年）500 多年间的残历书 50 余件，见 P.3247 等卷（图 12），现知最早者为《唐元和三年（808 年）戊子岁具注历日》，是一个只有四月十二日至六月一日的断片，最晚者为《宋淳化四年（993 年）癸巳岁具注历日》，而印本《大唐八年甲寅岁（834 年）具注历》，虽只存一小片，却是我国现存最早的印本历日，因而弥足珍贵。

敦煌历日有简本和

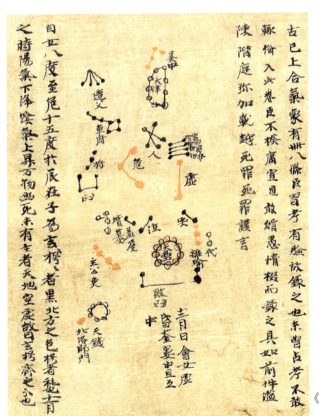

图 12　P.3247
《大唐同光四年（926 年）具注历日》
（局部）

繁本两种形式，这也反映了古历日由简到繁的演进过程。称作“具注历”，是因为繁本中有许多吉凶注。这些“具注”，既有迷信，也有科学。

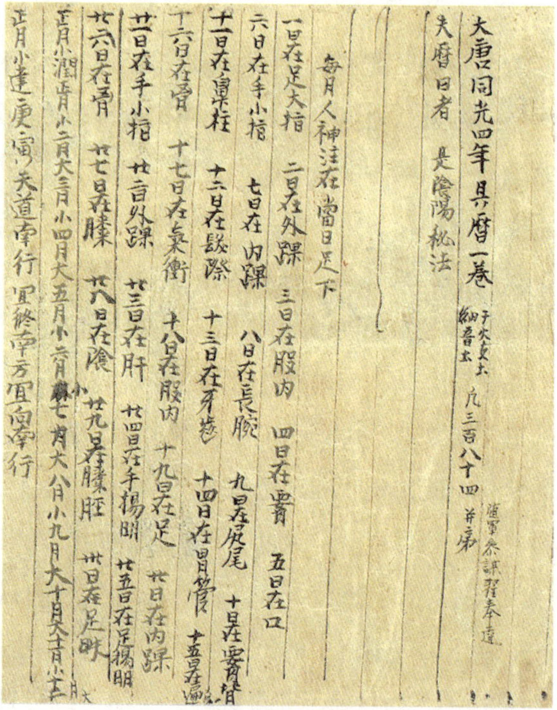
大唐同光四年具曆一卷
夫曆日者 是陰陽私法
每月人神注在當日足下
一日在足大指 二日在外踝 三日在股內 四日在胃 五日在口
六日在手小指 七日在內踝 八日在長腕 九日在尻尾 十日在腰背
十一日在鼻柱 十二日在髮際 十三日在牙齒 十四日在胃管 十五日在遍身
十六日在胸 十七日在氣衝 十八日在股內 十九日在足 廿日在內踝
廿一日在手小指 廿二日在外踝 廿三日在肝 廿四日在手陽明 廿五日在足陽明
廿六日在胸 廿七日在膝 廿八日在陰 廿九日在膝脛 卅日在足趺

图 13 S.3326
《全天星图》（局部）

引起专家们注意的是：人们都认为来自基督教的星期制度，最早被引入我国历法是从敦煌历就开始了。一星期的各日在敦煌历日中依次称作“蜜”（星期日）、“萝”（星期一）、“云汉”（星期二）、“嘀”（星期三）、“温没斯”（星期四）、“那颉”（星期五）、“鸡缓”（星期六）。这些奇怪的名称来自哪里，专家们至今无法说清。还有，由佛教“亡七斋”演变出的中国民俗之一——为死者“做七”和“百日”，也在历日中留下了使用痕迹。

敦煌遗书中有两幅精美的彩色古代星图，一幅是 S.3326《全天星图》（图 13），一幅是《紫微垣星图》（现藏敦煌市博物馆）。

《全天星图》是世界上现存最古老、星数最多（1348 颗）的一幅星图。它是"利用类似麦卡托圆筒投影的方法画出来的，最后再把紫垣画在北极为中心的图形平面投影图上，这比麦卡托发明此法早了七八百年"（邓文宽：《敦煌吐鲁番天文历法研究》，甘肃教育出版社，2002 年）。这种办法一直沿用到现代。外国专家说："从数值上对 S.3326 的研究得出一个重要的结果，此星图不是简单粗糙靠想象绘制，而是以严密的几何规则作依据。""作为目前为止人类文明现存最古老的平面星图，敦煌星图在天文学史上有着特殊的地位。无论是欧洲还是其他地方的文明史上，从未发现类似的资料。"李约瑟也曾经说过："欧洲在文艺复兴以前可以和中国天图制图相提并论的东西，可以说很少，甚至简直就没有。"

除了敦煌遗书中的历日外，敦煌汉简中也有一些记载历日的简（图 14）。据目前不完全统计，汉简记载历日约有 40 件，除极少量出自内地，绝大多数出自甘肃敦煌和内蒙古居延，年代最早者为《北魏太平真君十一年（450 年）、十二年（451 年）历日》，最晚者为《北宋淳化四年（993 年）具注历日》，时间跨度 500 余年。

《北魏太平真君十二年（451 年）历日》，曾作过两次准确的月食预报，与现代天文学计算结果和文献著录都十分契合。这也是目前所知中国历史上有可靠记载的最早月食预报。

敦煌历日和港、台地区国人及日本、新加坡、泰国华人所用通书对照，内容编排规则十分一致，说明它们具有同根性。

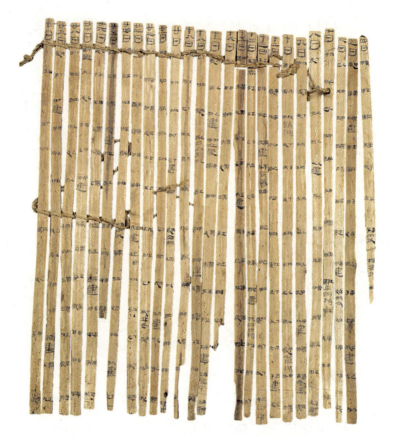

图 14　敦煌汉简中的历书

二、翟奉达与敦煌历日的编纂

说到敦煌历日的编纂，就不能不提到翟奉达。

翟奉达是生活在唐代归义军政权时期的敦煌人，是敦煌历日的主要撰写者。关于翟奉达的情况，好几位专家都有研究。

　　翟奉达祖上为浔阳望族，他本人生于敦煌莫高乡，父兄不甚显贵。他的父亲翟信曾任衙前正兵马使，长兄翟温子是个"处士"，弟弟翟温政仅是步军队头。

　　敦煌历日的编纂有固定的时间，习惯是每年十一月廿七日开始，纸为三帖；有专门的机构，编纂工作者还有张忠贤、邓音三、翟文进、安彦有等，他们的官职基本上都为押衙兼节度参谋。

　　翟奉达主持编写的历日共有 6 部：

　　1. S.2404《甲申岁具注历》，撰写于后唐同光二年（924 年），首行残存题记："（押）衙守随军参谋翟奉达撰上。"这是翟奉达撰写的最早历日。

　　2. P.3247 十罗氏贞松堂藏断片《大唐同光四年（926 年）具历一卷》。

　　3. 北图新 0836《天成三年（928 年）戊子岁具注历日一卷》，本件粘于敦煌邓秀峰所藏《逆刺占》的卷首。

　　4. S.560《天福十年（945 年）具注历日》的《寿昌县地境一卷》是州学博士翟奉达呈送寿昌县令的。

　　5. S.95《显德三年（956 年）丙辰岁具注历日并序》。

　　6. P.2623《显德六年（959 年）已未岁具注历日并序》（图 15）。

　　翟奉达从同光二年（924 年）至显德六年（959 年），一直从事敦煌历日的编撰工作，时间长达 35 年。

　　翟奉达对佛教非常热心，他亲自抄写了不少佛经。显德五年（958 年）三月，其妻马氏病故，翟奉达为之做"七七""百日""周年""三

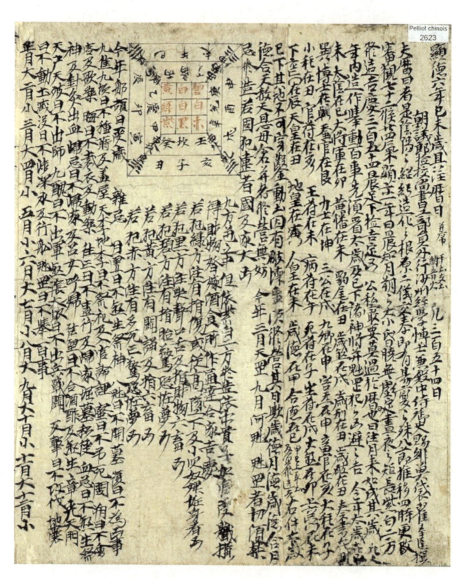

图 15　P.2623

《显德六年（959年）已未岁具注历日并序》

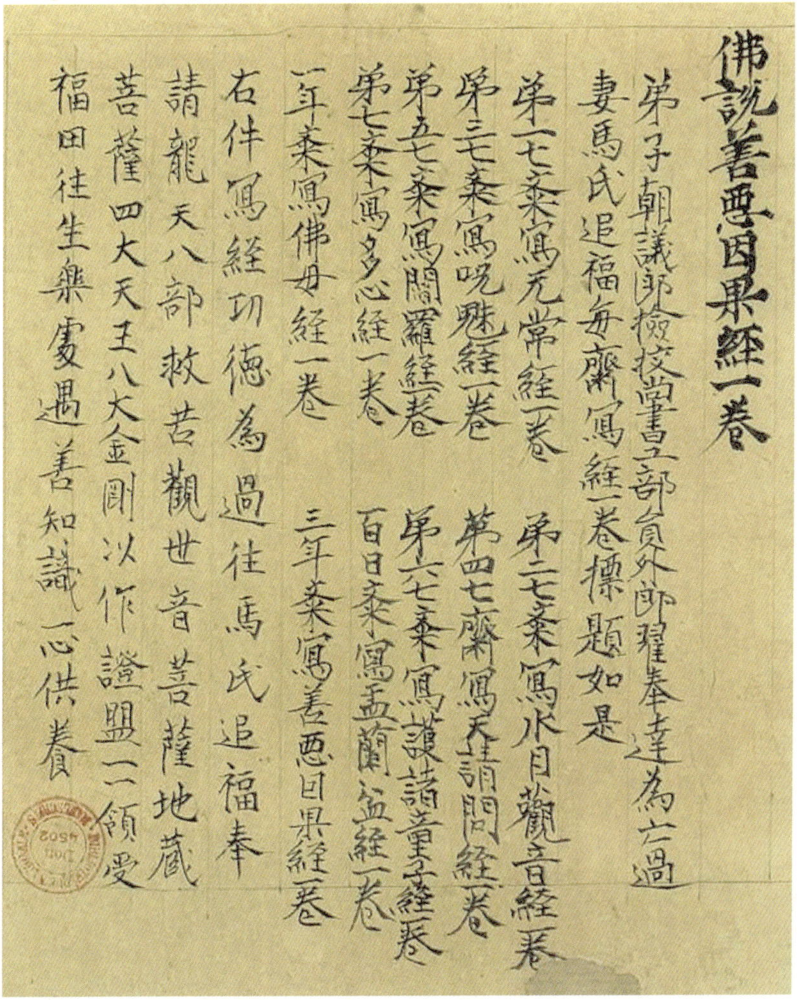

佛説善惡因果經一卷

弟子朝議郎攝校書二部員外郎瞿奉達為六過
妻馬氏追福每齋寫經一卷標題如是
第一七齋寫無常經一卷　　第二七齋寫水月觀音經一卷
第三七齋寫呪魅經一卷　　第四七齋寫天請問經一卷
第五七齋寫閻羅經一卷　　第六七齋寫護諸童子經一卷
第七齋寫多心經一卷　　　百日齋寫盂蘭盆經一卷
一年齋寫佛母經一卷　　　三年齋寫善惡因果經一卷
右件寫經功德為過往馬氏追福奉
請龍天八部救苦觀世音菩薩地藏
菩薩四大天王八大金剛汰作證盟一領受
福田往生樂處遇善知識一心供養

图 16　P.2055
瞿奉达抄经题记：《佛说善恶因果经》

周年"追福功德，每斋写经一卷，共十卷，现分藏天津艺术博物馆
（4532）、国家图书馆（8259）和法国国家图书馆（P.2055）（图
16）。

他还参与了莫高窟洞窟的凿建。

莫高窟第 98 窟西壁列南向第十八身供养人题曰："节度押衙行军参谋银青光禄大夫国子祭酒兼御史中丞上柱国翟奉达一心供养。"

此窟建于 925—927 年间，是归义军节度使曹议金的功德窟，翟奉达的画像绘于该窟，似乎表明他也是曹氏归义军阵营中的重要力量，为营建此窟提供过赞助。

第 220 窟是浔阳翟氏的家窟，翟奉达于同光三年（925 年）对该窟甬道北壁进行过重修，并绘制"新样文殊"一铺。翟奉达还在"新样文殊"的下方撰写了《重修愿文并颂》。"新样文殊"

图 17
莫高窟第 220 窟翟奉达供养像

的下方还绘有翟奉达的父亲、兄弟等人的供养人画像。其中翟奉达的供养人题记曰："施主节度押衙行随军参谋兼御史中丞翟奉达供养。"（图 17）

敦煌遗书中还保存有翟奉达撰写的诗赋。

敦煌人邓秀峰所藏《逆刺占》系翟奉达抄写，卷末有他的题记，题记之后有七言和五言诗三首：

（一）

三端俱全大丈夫，六艺堂堂世上无。

男儿不学读诗赋，恰似肥草根尽枯。

（二）

躯体堂堂六尺余，走笔横波纸上飞。

执笔题篇应尽意，后任将身撰文知。

（三）

哽噎卑末年，抑塞多不得。

嵯峨难遥望，恐怕年终朽。

乙亥年四月八日翟奉达七言诗（P.2688）：

三危圣迹宝□□，至心往礼到弥陀。

岩谷号为仙岩寺，之言莫高异名多。

敦煌食人凭些话，寃了圣瑞□云霞。

愿共乘同尧舜日，便重黎人拜国家。

秀春觊觎勿为恶，诮愚皆陈当正道。

除了遗书中的遗存外，洞窟中还有翟奉达的题名、画像、发愿文、检家谱等。施萍婷先生说："翟奉达之实物遗存，是至今已知的古代敦煌名士之冠。"

敦煌古代地理文书

　　敦煌地理文书，是敦煌遗书中极为珍贵的部分之一，我国地方志的编纂，始于汉而盛于唐，但以前保存的最早的图经地志，是北宋末的《四朝图经》。敦煌地志均为唐五代时期的作品，比《四朝图经》要早四个世纪，从而大开了人们的眼界。因而这些古方志，不仅是西北史地的遗珍，也是我国方志的遗珍。它的内容，虽然是以敦煌地区为中心，但几乎包括了全国各地，并且涉及敦煌学的许多门类，诸如古代的敦煌历史、地理、民族、宗教、文学、军防、交通、农业、水利、名胜古迹，等等，很多内容都是传世史籍中所没有的。陈国灿先生说，敦煌地理文书，"在敦煌遗书中，成为阅读率和使用率最高的品种之一"。

　　敦煌地理文书中，全国性地志文书共四卷。P.2522《贞元十道录》（图18）仅存16行，记唐代剑南道十余州，所记资料与传世文献多有不同。P.2511《诸道山河地名要略》，为唐韦澳所著。此书宋代已佚，所记内容多与《元和郡县图志》同，但有许多内容超出《元和郡县图志》等书；体例是先记述多州建置沿革，再记叙该州名人

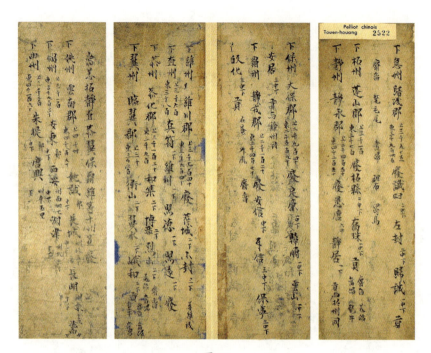

图 18

敦煌遗书 P.2522《贞元十道录》

事迹，然后记载地名、山名、水名，最后是民俗、物产，是地志题
材的史书佳作。敦煌市博物馆 58 号《地志残卷》（图 19）首尾均残，
内容与《贞元十道录》相近，有陇右、河东、关内、淮南、岭南五道，
州郡下记有去京都里程、公廨本钱及土贡，县下记乡数及公廨本钱。
公廨本钱是唐代各级政府经营高利贷的资本，故而具有重要价值。

敦煌乡土志书有以下八种：

《沙州图经卷第一》（S.2593）。存 6 行，第一卷为州卷，第二、
三、四卷为敦煌县卷，第五卷为寿昌县卷。

《沙州都督府图经卷第三》（P.2005）。存513行，内容保存了唐代敦煌县河渠、泉泽、驿道、长城、学校、祠庙、名胜古迹、祥瑞、歌谣及史事、人物方面的珍贵资料。如关于敦煌河区泉泽，

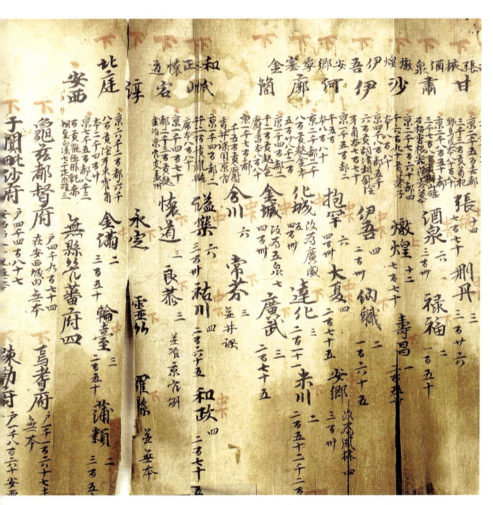

图19　敦煌市博物馆藏58号《地志残卷》（局部）

就有甘泉水（今党河）、井泉（今月牙泉）、悬泉水、阳开渠等记载。还有关于效谷城、张芝墨池等记载。

《沙州图经卷第五》（P.5034）。存181行，大致分为两部分：前一部分为沙州寿昌县境内栅堡、佛寺、山、泽、泉、湖、古关等，后一部分为石城镇及其境内城堡、物产、四出道路等，其后又记有播仙镇。还有关于玉门关和阳关规模数据的记载："阳关，东西廿步，南北廿七步。""玉门关，周四一百卅步，高三丈。"是古代保存下来的唯一具体资料。

《沙州志》（S.788）。存18行，内容可分为两部分：前一部分为沙州敦煌县地志之后部，后一部分为沙州寿昌县地志之前部。是存寿昌县户数的唯一资料：户三百五十九。

《沙州伊州志》（S.367）。存86行，前28行为沙州寿昌县地志的后半，第29行至79行为伊州及其所属伊吾、纳职、柔远三县及伊吾军地志。卷末摘记涉及甘、肃、伊、西、庭五州，所以本卷亦可称为全国总志残本。

《沙州归义军图经略抄》（P.2691）。内容多记沙州及所属敦煌、寿昌二县，又有瓜州常乐县的记载。

《敦煌录》（S.5448）。存79行，内容记载敦煌名胜古迹及城堡、关塞、窟寺、山水等（图20）。和《沙州图经》《沙州志》《寿昌县地境》不同处是对当地往事有渲染。

《寿昌县地境》（散录1700）。它是《沙州伊州志》《沙州志》关于寿昌县部分的简编本，专家认为编写人是当时敦煌历法家翟奉达。

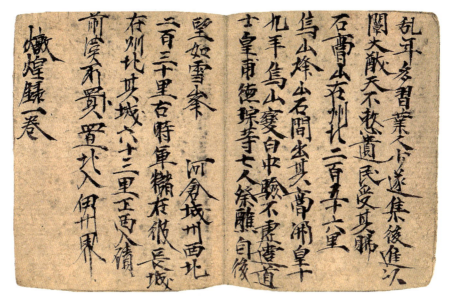

图 20　S.5448《敦煌录》（局部）

　　近年来，对这些敦煌地理文书的研究成果很多，《敦煌地理文书汇辑校注》（郑炳林）、《唐代敦煌绿洲水系考》（李并成）、《古本乡土志八种笺证》（李正宇）都对敦煌古代地志有着极为详细严密的考论，对我们了解敦煌古代地志提供了丰富多彩的资料。

敦煌书法

　　敦煌书法是敦煌文化遗产的重要内容之一。像以地而名的敦煌学一样，以地名书法，唯有敦煌。可见敦煌书法的重要性和独特性。

一、导　言

　　20 世纪以前，我国宋代以前的书写墨迹很难见到，残遗的少数唐人墨迹，被视为稀世之宝。1900 年敦煌藏经洞发现的五万余件敦煌遗书，是宋以前各个朝代的写经和抄本，都是古人墨迹，让人们看到了一个新的书法世界，大开人们的眼界。

　　敦煌遗书，年代最早的为题年前秦甘露元年（359 年）日本中村不折旧藏（今归日本书道博物馆）《譬喻经》一卷（图 21），题云："甘露元年三月十七日于酒泉城内斋丛中写迄。此月上旬汉人及杂类被诛向二百人，愿蒙解脱，生生信敬三宝，无有退转。"最晚的为题年北宋咸平五年（1002 年）俄藏 Φ.32 号《曹宗寿造经帙疏》（图 22），题云："施主敦煌王曹厶与济北郡夫人氾氏同发信心，

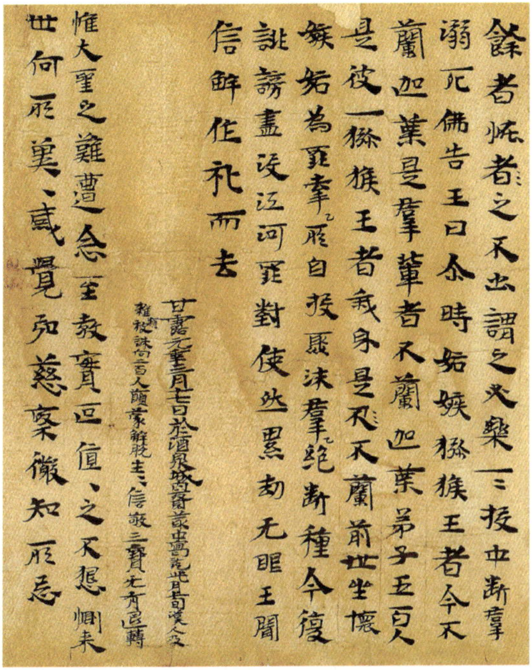

图 21　日本书道博物馆藏前秦甘露元年（359 年）写本《譬喻经》

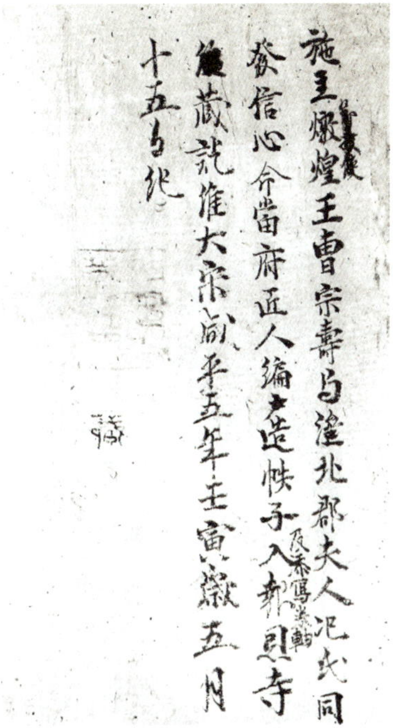

图 22　俄藏 Ф.32 号北宋咸平五年（1002 年）《曹宗寿造经帙疏》

先命当府匠人编造帙子，后请手笔添写新旧经律论等，通共成满，报恩寺藏教讫者。维大宋咸平五年壬寅岁七月十五日记。"敦煌遗书时代历经南北朝、隋、唐、五代等，历六百余年，这是令人惊叹的第一点。遗书除少数碑拓本、刻印本之外，都为手写真迹，而且数量之多，可谓空前。这些写卷和抄本中，篆、隶、草、行、楷诸体都有，这是令人惊叹的第二点。

　　观研书法，真迹的价值最大。其所涵射的笔意、风移、精神、情趣，绝非碑刻本所可比拟。启功先生曾说："这些作品（敦煌遗

书），哪怕只是片纸只字，墨迹之笔锋使转、墨华绚烂处，俱碑版所绝不可观者。"日本学者中村不折说："上至汉魏，下至五代以及赵宋，悉是千年以前之尤物。淋漓墨迹，没有一件不是墨风之翎毛、苍龙之鳞甲。试临摹其数行，真有身生魏晋之世，亲闻书法于钟、王之感。"书家之论，可知敦煌遗书在书法方面的巨大价值。

从魏晋到宋，正是我国汉字发展的关键时期，即由隶到楷的演变时期。敦煌写卷正是这一时期的活生生的材料，它给中国书法史填补了空白，比较翔实地反映了我国汉字演变的脉络和发展轨迹。这些毛笔书写的资料，展现了书法篆、隶、草、行、楷的演变过程。敦煌写卷书法虽诸体皆备，但篆书作品只有两件，隶书类只有三件，这也从一个侧面反映出晋唐间，篆、隶已悄悄退出历史舞台，楷书已成主流和主导。

二、敦煌写经书法

敦煌写卷是民间书法，书写者有僧人、学士、经生等各类人，他们处在不同的社会阶层，贫富有别，地位有别，文化有别，所写的卷子，从书法的角度看，良莠不齐。因此，写卷的书法不能代表当时书法艺术的最高水平。但是，这些写卷流露出的淳朴自然、清新活泼的美感以及无拘无束、自由创造的写法，是独有的。但崇尚二王书法，又是写卷书法的主要风格。比如，初唐人写的《妙法莲花经》（图23）就被书家称为："笔法骨肉行中，意态飞动，足以抗颜、欧、褚，在鸣沙遗墨中实推上品。"还有，写卷中的简笔

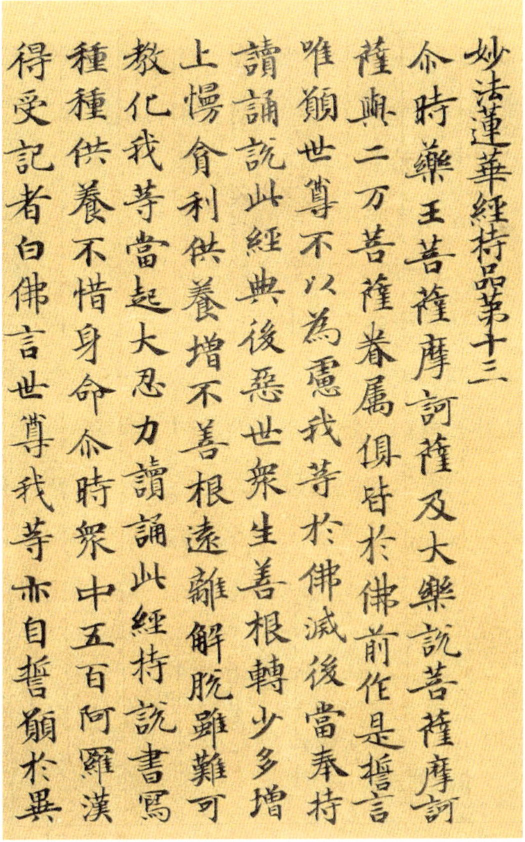
妙法蓮華經持品第十三
尒時藥王菩薩摩訶薩及大樂說菩薩摩訶
薩與二万菩薩眷屬俱皆於佛前作是誓言
唯願世尊不以為慮我等於佛滅後當奉持
讀誦說此經典後惡世衆生善根轉少多增
上慢貪利供養增不善根遠離解脫雖難可
教化我等當起大忍力讀誦此經持說書寫
種種供養不惜身命尒時衆中五百阿羅漢
得受記者白佛言世尊我等亦自誓願於異

图 23　S.312
《妙法莲花经》（局部）

字、合体字、异体字、代用字等，都是正规书作中无法见到的。饶宗颐先生评论说：“敦煌经生字可以分好几类，有女道士写的，非常娟秀，是一种美；有的很粗犷，有一种稚拙感，是另一种风格。”他曾作过一首《莫高窟题壁》诗：“河湟入梦若悬旌，铁马坚冰纸上鸣。石窟春风香柳绿，他生愿作写经生。”表达他对“写经生”的感情。

宗教与中国文化和书法有着深厚复杂的关系，佛教的传播，促进了书法的形成和发展，书法的发展，也促成了佛教的弘扬和兴盛。敦煌写卷中90%以上是佛教写经，敦煌书法艺术，主要表现在写经书法中。弘一大师曾说：“夫耽乐书术，增长放逸，佛所深诫。然研习之者能尽其美，以是书写佛典，流传于世，令诸众生欢喜受

持，自利利他，同趋佛道，非无益矣。"他从另一个角度深刻说出了佛教和书法的关系，令人醍醐灌顶，更上层楼，也加深了我们对敦煌书法的理解。

三、敦煌书法的特点

中国书法，经过多代传承，趋于法度森严，帖学统治局面。唐代孙过庭《书谱》说："思虑通审，志气平和，不激不励而风规自远。"在结体上强调圆，线条的逆入回收和中锋用笔也是强调圆。这种循规蹈矩，也是封建伦理道德的体现。书法中如果过于强调和遵循这些，必然呆板僵化。敦煌写卷书法中表现出的风格和美感，为书法的创新和发展提供了营养和借鉴。沃兴华认为，敦煌民间书法的发现，"为穷途末路的传统帖学开辟一新的境界，为新的时代意识提出了可供参考的表现形式，为中古书法史弥补了史不足证的缺憾"，"其书法的点画形成，有圆笔藏锋，但主要偏重方笔的侧锋和铦利的露锋"，"结体以内撅为主，雄奇角出。在步态上放逸生奇，天真烂漫"，"布白的处理疏者疏、密者密，天头地角上下参差，极富现代意识"。

四、古帖临本及石刻拓本作品

敦煌古帖临本写卷中存有王羲之《十七帖》临本3帖，均为唐代临本。王羲之真迹，古已无存，所见皆为各时期临本。见者多为

宋后所临，唐代临本，存世者不过10余件，此3件残片，当又为
其增辉。这3帖都是王羲之写给好友益州刺史周抚的信，皆取开头
二字为名。

1.《瞻近》帖，存30字。神采爽利，结构遒劲，是唐前期追
摹王羲之草书风范的佳作。

2.《龙堡》帖（图24），只有数行，笔法纯熟，锋棱毕现，与
《瞻近》似出一家之手。

3.《得足》帖，只剩后半部分，共4行，笔势酣畅，笔力遒劲，
是敦煌写卷中难得的书法精品。

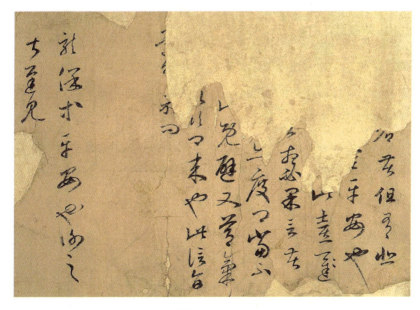

图24　S.3753
《龙堡》帖残卷

另有唐代楷书道教经籍写本（S.6140），残存 8 行，59 字。书法窈窕多态，俊秀风姿，十分接近唐初书法名家褚遂良 58 岁时所写的《雁塔圣教序》，是难得的书法佳品。

敦煌遗书中唐代石刻拓本有三种：

1.唐太宗《温泉铭》（P.4508），共存 50 行，为唐拓唐裱。李世民酷爱书法，此帖是他自撰自书。原碑早已失传，宋以后人们仅知文献记载，无法见到原作。直到藏经洞发现，此件书法作品才被公之于世（图 25）。拓本尾题"永徽四年八月三十一日圉谷府果毅（下缺）"一行墨书。永徽四年（653 年）是立碑后五年，故此拓本是最可靠的拓本，非常珍贵。

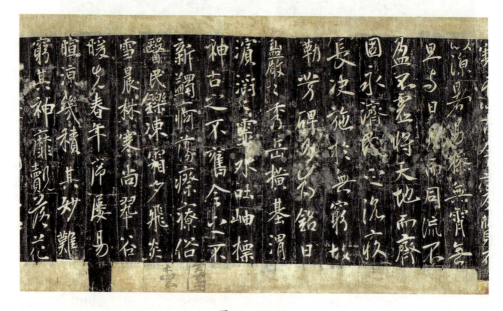

图 25　P.4508
《温泉铭》拓本（局部）

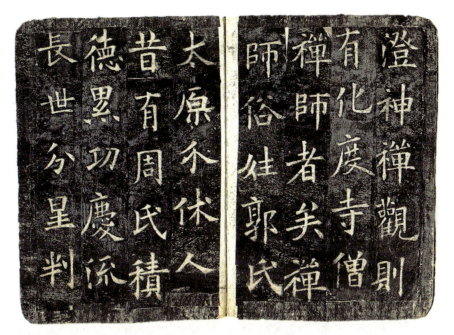

图 26　S.5791
欧阳询《化度寺邕禅师塔铭》（局部）

《温泉铭》笔迹圆劲流丽，雍容大度，是行书中的上品。以行草书体刻碑，唐太宗为第一人。启功在《论书绝句》中这样评价《温泉铭》："烂漫生疏两未妨，神全原不在矜庄。龙跳虎跃温泉铭，妙有三分不妥当。"

2. 欧阳询《化度寺邕禅师塔铭》，此碑早不复存，敦煌写卷中为唐拓本。前二页藏巴黎（P.4510），后十页藏伦敦（S.5791）（图26）。此碑是唐李百药撰文，欧阳询书，贞观五年（631年）立石。欧阳询楷书，笔力遒劲，法度森严。历代书家认为此碑是欧阳询书法中最优秀的作品。传世本多种，大多经多次翻刻，不免失真，只

图 27　P.4503
柳公权《金刚经》拓本（首尾部分）

有敦煌本是唐代拓本，最接近原作，风格古朴，锋颖如新。罗振玉尝谓《化度寺邕禅师塔铭》"十步之外，精光四射"。

3. 柳公权《金刚经》（P.4503），此拓本首尾完整（图27），纸墨如新。卷尾题记："长庆四年（824年）四月六日，翰林侍书学士朝议郎，行右补阙，上轻车部尉，赐绯鱼袋柳公权为右街僧录准公书。强演，邵建和刻。"刻碑毁于宋代，后世多见传拓，极负盛名。此碑为柳公权46岁时所作，他精力充沛，神采焕发，一气呵成。碑文笔锋刚健俊秀，结构匀称，是楷书的经典。

《千字文》是古代启蒙识字课本，历朝历代，许多书法家书写的多种书体的写本有数十种。敦煌写卷中的《千字文》，数唐贞观十五年（641年）署名蒋善进的真草合卷写本（P.3561）最为精彩（图28）。此卷存34行、170字，是临摹智永的写本，字体规范端庄，纯熟流畅，为初唐书法风范。另有一卷唐代篆书写本《千字文》，

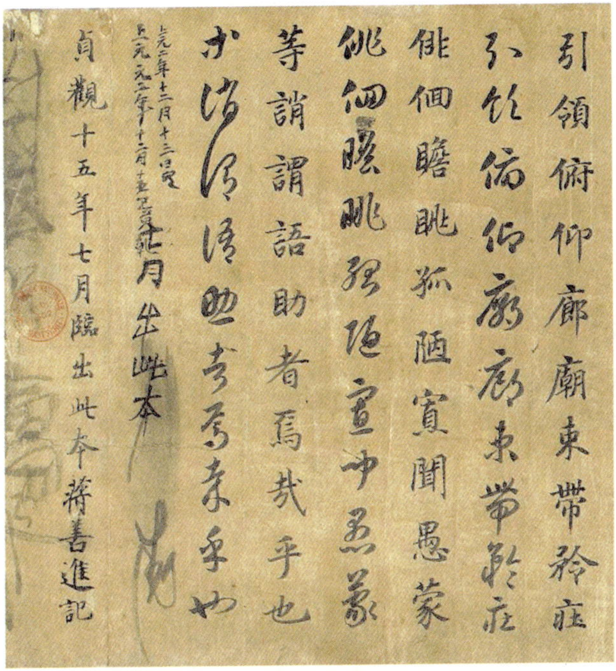

图 28　P.3561
蒋善进真草合卷《千字文》写本（局部）

残为两纸，一纸 5 行（P.4702），一纸 7 行（P.3658），64 字。篆字右侧注有楷书释文，篆字墨色浓，楷字墨色淡，在敦煌写卷中是少见的。篆书《千字文》当时也曾流传，唐以后湮没，此件的发现，填补了这一空白。沃兴华认为此卷"用笔有提按顿挫，线条流畅，努勒勾趯，八法皆备"。

五、碑刻与洞窟题记中的书法作品

敦煌石窟存有许多碑碣，刻写时代不同，书法格调也各有千秋。

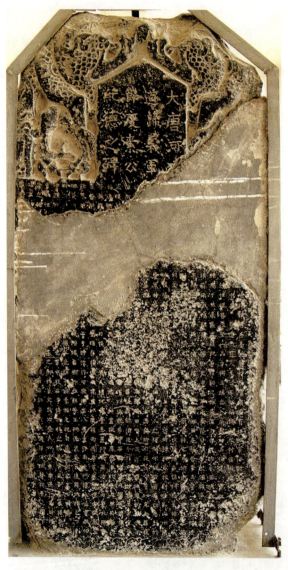

图 29 《大唐河西道归义军节度索公纪德之碑》
（藏敦煌市博物馆）

主要有《李克让修莫高窟佛龛碑》（唐圣历元年），《唐陇西李府君修功德碑》（唐乾宁元年），《洪辩碑》（唐咸通三年），《莫高窟六字真言碣》（元至正八年），《大唐河西道归义军节度索公纪德之碑》（图29）、《重修皇庆寺记》碑（元至正十一年），《重修千佛洞三层楼功德碑记》（清光绪三十二年），《太清宫大方丈道会司王师法真墓志》（民国廿年），《重修千佛洞九层楼

碑记》（民国廿五年）。

郑汝中认为："其中唐初《李克让重修莫高窟佛龛碑》是碑中之精品。其碑虽为楷书，但有魏碑风格，结体及用字怪异，其中还有篆隶结构。笔锋棱峻，端庄均匀，点划遒劲，横笔有排势，撇捺虚出有韧力，无顿笔。为后世罕见之碑刻。"

敦煌还遗有一些历代印鉴，多见于官府文书上，比如：瓜沙州大王印、金山白衣王印、大于阗汉天子敕印、归义军印等几十枚。郑汝中说："这些印鉴，继承了汉印的传统，印文盘曲，整齐而不呆板，夸张参差，布白宽博，雍容古拙，篆法相当规范。"

莫高窟现存汉文供养人题记1570余条（图30），供养人身份有王公贵族、各级官员、戍边将士、塑匠画工、寺院僧尼、平民百姓、来往商旅等。除了有珍贵的史料价值外，其也具有书法价值。

图30　莫高窟五代第98窟甬道南壁男供养人像及题记

题记的书写具有古朴稚拙的乡土气息。

敦煌写卷中保存有多种少数民族文字资料，有梵文、吐蕃文、回鹘文、粟特文、于阗文等。这些墨迹，毛笔或硬笔书写的都有。郑汝中认为这些写卷"相当之工整流利，富有节奏感和独特的审美情趣"。

六、汉简书法

近百年来，敦煌地区陆续发掘出了3万余枚汉简（图31），这些汉简的书法价值，早已引起了书法界的关注。一是在书法源流上的价值，二是使人们见到了秦汉时期民间使用的字体。临摹"简牍体"的书法家已取得了很大成就，甘肃书家赵正说："一句话，简书艺术品的灵魂就是自然。不为刻意造势，无意用刀形成；发于自然，归于自然，书体相浸润，

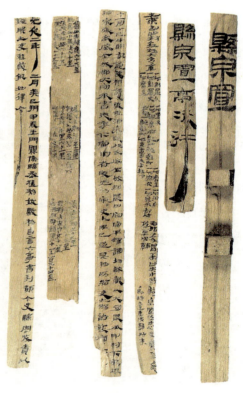

图31　悬泉置遗址出土封检、牍

笔法互充融，一切在自然中流动变化，一切在自然中相辅相成。性灵活泼，含乾坤生气；志趣天然，蕴造化神工。简书的书法艺术是自然之美、天然之情。"

刘正成说："汉代简牍就像原子弹爆炸一样，灵光一闪，在几十年间影响了书法艺术，一下子打开了书法家们创作的新天地。"

七、敦煌硬笔书法

李正宇先生研究指出："敦煌硬笔书法是我国书法史上的珍贵遗存，它的发现，无可置疑地证明着我国中古时期硬笔书法在实用领域的存在与流行，填补了我国硬笔书法史的大段空白，彻底否定了数十年来颇为流行的那种以为我国硬笔书法起自鸦片战争、由西方舶来的谬说。"

现在发现的敦煌古代硬笔书法写本的存量达 2 万页（图 32），1907 年 4 月斯坦因在敦煌西北 D.27 烽燧遗址发现的佉卢文帛书

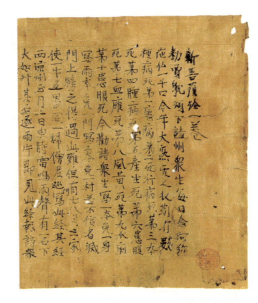

图 32　S.407
《新菩萨经一卷》硬笔书法

图33　莫高窟北区出土 B53：14 号《叙利亚文景教晚祷赞美诗》

残件，为西汉末期遗物，是最早的一件古代民族文字硬笔写本；1989 年敦煌研究院在莫高窟北区发掘出土的 B53：14 号《叙利亚文景教晚祷赞美诗》（图33），为元代遗物，是最晚的一件古代民族文字硬笔写本。

敦煌除发现汉文硬笔写本外，还发现古代多种民族文字写本，如佉卢文、粟特文、梵文、突厥文、婆罗谜文、于阗文、吐蕃文、回鹘文、西夏文以及叙利亚文等，不下十多种。

敦煌保存下来的古代汉文硬笔写本的内容、门类不下一二十种，诸如儒家经典、阴阳占卜、治病药方、诗歌辞赞、佛教经咒、佛经疏释、寺院账册、官府文牒、借贷契据、祭文悼词、随手写记、学童习字，等等。

使用硬笔书写汉字的人，层面很广，有官吏、文士、僧尼等。

八、书法家张芝与索靖

汉晋时期，敦煌的书法在全国是领先的，因而，才出现了张芝、索靖这样的大书法家。张芝是东汉末年敦煌渊泉人，他经过刻苦练习，创造出了"今草"，被世人尊为"草圣"（图34）。一千多年来，张芝在书法界的影响和地位有增无减，中国书法史上，张芝的影响无可估量。索靖是晋代敦煌龙勒人，善章草，被称为"亚圣"（图35）。张、索时代的敦煌，还出过不少书家。

九、敦煌书法的影响

2000年在黄河北白塔山上建成的兰州碑林，是甘肃在全国书

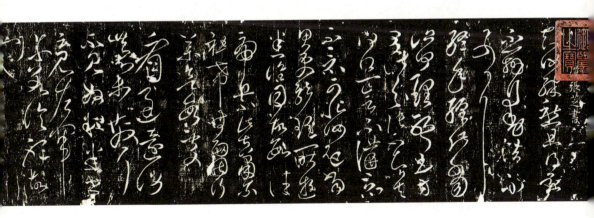

图34 张芝书法作品《冠军帖》

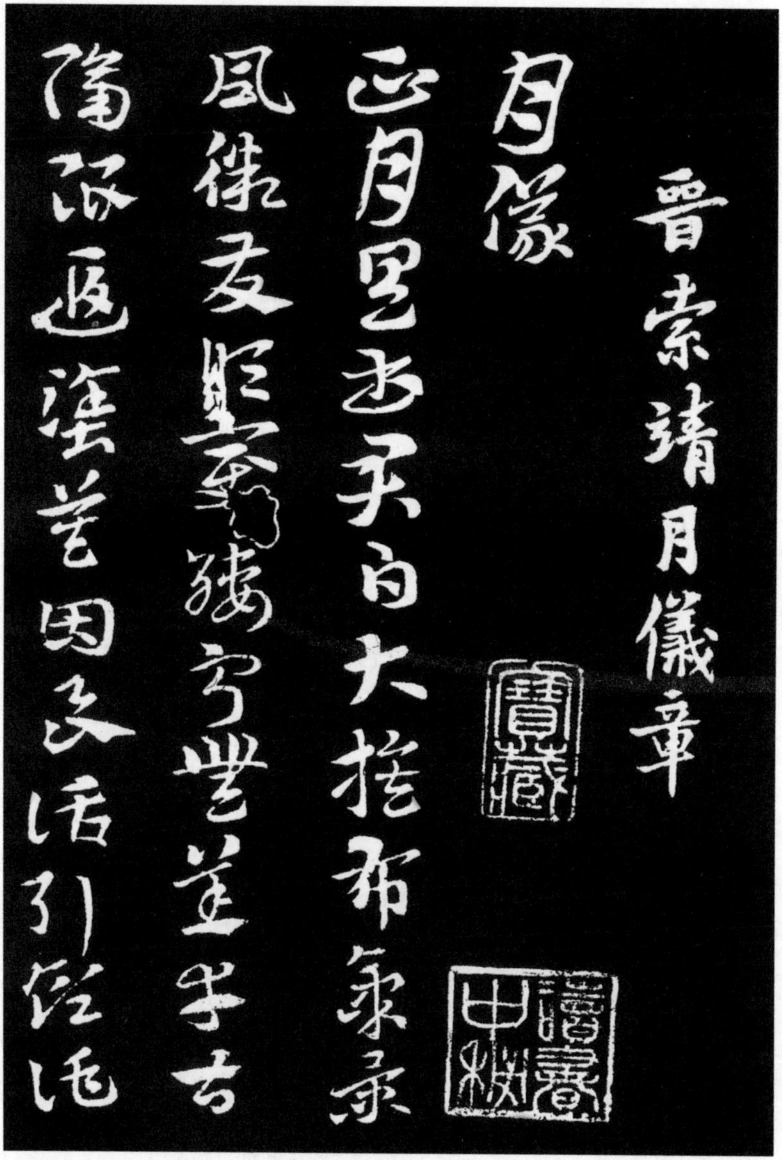

图 35　索靖书法作品《月仪帖》

法界很有影响的一件文化大事。主建者刘萤曾说："兰州碑林，以甘肃地域文化为特点，无疑要举草圣张芝这面大旗。"他们采取了三种方式突出了张芝：一是突出介绍了张芝的书法，二是把碑林的主体建筑碑阁命名为"草圣阁"，三是为张芝雕像。并且在碑林中镌刻敦煌写经书法66块，敦煌汉简书法10块。

敦煌书法的影响，窥此一斑可见全豹。

敦煌古代书法家简辑

敦煌，在古代因有深厚的文化基础和氛围，所以也有书法传统。这里曾出现过许多大书法家。下面将专家研究和挖掘的敦煌古代书法家做出梳理简辑：

张　芝

字伯英，东汉末年敦煌渊泉（今瓜州）人。父亲张奂是著名学者和军事家。张芝是我国历史上伟大的书法家，被称为"草圣"。北魏王愔《古今文字志目》载："芝少持高操，以名臣子勤学，文为儒宗，武为将表。太尉辟，公车有道征，皆不至。号张有道。尤好草书，学崔、杜之法，家之衣帛，必书而后练。临池学书，水为之黑。"张芝不但学习书法非常用功刻苦，而且"持高操"，不入仕。

张芝吸收他人之长，创为"今草"。《六体书势》云："草书者，张芝造也。"或称"其体势一笔而成，气脉通联，滴行不断，谓之'一笔飞白'"。东晋王羲之自叹："临池学书，池水尽墨，

好之绝伦，吾不及也。"张芝的草书，当时就被人们视为珍宝，争相收藏。但他的书法作品，已无传世。今天看到的拓印本，仅宋代《淳化阁帖》卷二载草书6行，80字。

张芝的弟弟张昶，亦善书，然不及其兄，人称"亚圣"。书有《西岳华山堂阙碑铭》，至今尚存。张芝之前有崔瑗、崔寔，都是敦煌人，也都是汉代负有盛名的书法家。

敦煌从晋代到唐五代，书法家辈出。我国历史上书法名家辈出，书法艺术繁荣昌盛，传承不息，都与张芝的影响不无关系。

关于张芝遗迹，《沙州都督府图经》载："张芝墨池，在县东北一里，效谷府东南五十步。""至四年六月（唐玄宗开元四年），敦煌县令赵智本到任……其年九月，拓上件池中得一石砚，长二尺，阔一尺五寸，乃劝诸张族一十八代孙上柱国张仁会……令修葺墨池，中立庙及张芝容。"

由于有庙和墨池，此处成为唐代敦煌的一大人文景观。敦煌遗书《敦煌廿咏》中有首《墨池咏》：

> 昔人精篆素，尽妙许张芝。
>
> 草圣雄千古，芳名冠一时。
>
> 舒笺行鸟迹，研墨染鱼缁。
>
> 长想临池处，兴来聊咏诗。

张芝墨池的位置在今天党河大桥西南不远处。

清代康熙初年，武威凉庄道署内挖出了张芝手书的一块石碣，

上面刻有"澄华井"三个字。这是一个重大发现，因为张芝的真迹，没有一件流传下来，传世之作多是托名或伪作。可惜的是，石碣被某道员离任时窃走了，至今下落不明。武威学者张澍曾在《闲居杂咏》中咏及此事："南宫旧井最甘香，安国寺前今冽凉。可惜澄华碑已失，未探修绠一称量。"与张澍同时的武威书法家张美如还亲自看到这块石碣，他曾写了《澄华堂观张芝古井碑阴残字》七律四首，其中第一首云："斯邈鸿文播艺林，伯英健笔自森森。奇峰怪石云立合，春蚓秋蛇草浅深。妙道欲仙思汉武，精能入圣忆王愔。二千年后搜遗迹，碑卧枯槐数尺阴。"

张 越

字仲诒，敦煌人。官至西晋太子舍人，梁君刺史。张怀瓘《书断》载："敦煌有张越，仕至梁州刺史，亦善草书。"徐谓《书论》载："张越书如莲花出水，明月开天，雾散金峰，云低玉岭。"

赵 袭

张怀瓘《书断》载："赵袭，字元嗣，京兆长安人，为敦煌太守。与罗晖并以能草见重关西，而矜巧自与，众颇惑之。与张芝素相亲善。灵帝时卒。"卫恒《四体书势》载："罗叔景，赵元嗣者，与张芝同时，见称与西州。"

索　靖

魏晋时敦煌龙勒（今敦煌阳关镇）人，字幼安，出身官宦家庭。少年时就才华出众，和同乡汜衷、张甝、索绍、索永在京城洛阳太学读书时就被誉为"敦煌五龙"。对策高第，曾为西域戊己校尉长史。太安二年（303 年），在洛阳监洛城诸军事，与河间王战，被伤而卒。

索靖善写章草，草书，他是大书法家张芝姐姐的孙子，在书法上受到张芝的影响，但也有突破。有人评价他俩的书法是"精熟至极，索不及张芝；妙有余姿，张不及索靖"。唐张怀瓘《书断》评索靖书法："有若山形中裂，水势悬流，雪岭孤松，冰河危石，其坚劲则古今不逮。"清刘熙《艺概·书概》载："索靖书如飘风忽举，鸷鸟乍飞，其沉着痛快极矣。"莫高窟第 156 窟前室北壁唐人《莫高窟记》中说："晋司空索靖题壁仙岩寺。"《淳化阁帖》中有遗墨《月仪帖》《出师颂》《急就章》等。

2003 年，一件相传为索靖的章草《出师颂》，在国内某次拍卖会亮相，故宫博物院以 2200 万元购回。这曾是故宫藏品，1922 年被溥仪携出宫外失散民间。

李　达

唐敦煌人，是位文职官员。敦煌文书《大周（沙州效谷府）校尉上柱国李君莫高窟佛龛碑并序》载："临池擅飞翰之工，射叶逞

弯弧之妙。"说明他长于草书。

李光庭

唐代敦煌郡敦煌县悬泉乡人。敦煌文书 S.1523《李光庭莫高灵岩佛龛碑并序》载："……抚龙图以临万寓，握凤篆而驭四方。""敢扑略其狂简，庶仿佛于真宗。"说明他博览群书，擅长草书。

阴嘉政

唐时人。敦煌文书 P.4638《大蕃故敦煌郡莫高阴处士公修功德记》载："二王旧体，笔下能书。"P.4660《敦煌阴处士邈真赞并序》载："消遥别业，留意池庭。"说明他不但书法很好，而且还继承了张芝的书风。

唐悟真

唐敦煌僧人，曾参与张议朝收复敦煌事。大中四年（850 年），奉使抵长安，后任都僧统等职，主持河西僧务 40 年。敦煌文书存有所撰当地僧俗名流邈真赞及碑铭 16 篇，其中存其真迹。P.3770《敕河西节度使牒》载他"纵辩流臻，谈立写玉""又随军幕，修表题书"。可知他善于讲授高深的佛教理论并善诗文、善书法。《敕河西节度兵部尚书张公德政之碑》经研究确认是悟真所撰所书，碑文

抄本为隶楷体而且风格独特。

李弘益

唐敦煌人，李明振第四子。敦煌文书 P.4615、P.4010《李明振墓志铭》载其"三端俱备，六艺精通，工书有类于钟繇，碎札连芳于射戟"。钟繇善楷并吸收篆，知其善楷书并篆书。

张兴信

唐沙州人，张芝后裔。敦煌文书 P.4660《张兴信邈真赞》载："敦煌豪族，墨池张氏，禀气精灵，怀仁仗义。政直存公，刚柔双美。"书法很有名。

张清通

唐沙州人，字文信，善占星术。敦煌文书《张清通写真赞并序》载："府君讳清通，字文信，裔派临池，敦煌人也。"而且他"衔举敦煌县令"，必然经过书法考试，书法肯定不错。

张怀庆

字思美，五代沙州人，归义军节度使曹议金妹夫，卒于公元948 年。敦煌文书 P.2482 载："……不但书树，苦处先驰。"还有，S.5644《方角书》题有"怀庆书"。

张保山

唐末五代沙州人，曾奉使中朝，出使中原。敦煌文书 P.3518《张保山邈真赞并序》载："故得文深墨宝，诗书缀玉而成章。笔彩龙飞，触锋七分而入木。"说明他书法功力很好。

张文彻

唐末五代敦煌人，曾任西汉金山国宰相。敦煌文书 P.3633《张安左生前邈真赞并序》载："……念生前而叹息，命毕书功，继嗣我宗。传之诸子，无坠家风。勤铭贞石，千秋普同。"据此可知，他是张芝后裔。P.2991《敦煌社人平咄之等宕泉建窟功德记》是他所撰写。

张明集

五代沙州人，字富子，曹议金外甥，曾为紫金亭镇主 10 余年。敦煌文书 P.3718《张明集写真赞并序》载："长具三端，早备六全之艺。""魁伟美貌，笔写难真，……"说明他长于书法。

张良真

唐末五代沙州人。《张良真生前写真赞并序》载："业同笔海，擅彰七步之端。德备田韩，实踏灌婴之迹。"可知他也是书法家。

张喜首

唐末五代人，敦煌金光明寺僧。敦煌文书 P.3718《张喜首和尚写真赞并序》载："……笔动则鹊骇云际，沿纸锦绣而盈箱。指砚则鸾翥碧霄，珠玉丰荣于案侧。"说明他书法很好。

张道真

清河张氏后裔，五代到宋初敦煌名僧。主持沙州僧政 30 年。他写的敦煌《莫高窟再修功德记》（P.2641）中曾说："唯报来游玩者，辄莫于此驰书。"说明他喜好书法。他不但召集写经生大量抄经，而且自己也写。

张元清

敦煌文书 P.3882《府君元清邈真赞并序》载："三端杰众，六艺标彦。文房探郑伯之侄书，武库校葛公之战术。"说明他书法很好。

康恒安

晚唐敦煌粟特人，释门法师。敦煌文书，咸通十年悟真撰《沙州释门都法律索义辩和尚邈真赞》《河西节都押衙兼都知兵马使令狐公邈真赞》等，很多都是恒安所书，足见其书法水平很高。

曹仁裕

字良才，唐末五代沙州人。曹氏归义军首任节度使曹议金长兄。敦煌文书 P.4638《曹良才邈真赞并序》载："故得儒宗独步，裁诗而满树花开；指砚题文，动笔乃碧霄雾散。""儒宗独秀，万陪能诠。"说明其学贯古今，优于行草书法。

张盈润

五代敦煌人，父名淮庆。莫高窟第 108 窟有张盈润的题壁："润忝事台辈，载佐驱驰，登峻岭而骤谒灵岩，下深谷而钦礼圣

迹。"P.3390《孟授祖上庆浮图公德记并序》载："侄节度押衙盈润，年芳小俊，顿成七步之才；弱冠之年，兼备六奇之艺。"说明他也是书家。

敦煌诗和三本诗歌总集

像以地而名的敦煌学一样，“敦煌诗”也已经是学界普遍认同的一个特殊文学现象和文学概念。正如谢冕先生所说：“在中国历史上很难找到像敦煌这样的地方，诗歌始终伴随着它的兴衰隆替，不是某时某刻，而是全过程。敦煌造就了诗歌，诗歌又装点了敦煌。诗歌是敦煌永恒的记忆，诗歌也是敦煌不朽的美丽。”“诗歌是敦煌的骄傲。中国诗史因敦煌而骄傲。”

天马出渥洼，汉武帝作《太一天马歌》，“骋容与兮跇万里”，是在言志；敦煌据两关，“闻道玉门犹被遮，应将性命逐轻车”，是战士的豪性；“西出阳关无故人”“春风不度玉门关”，情满荒漠，悲壮苍凉。这些脍炙人口的诗句，早已成为中国诗歌史上的名句。敦煌因之而厚重、因之而不朽、因之而骄傲。

李正宇先生曾说，所谓“敦煌诗”，大概包括五类作品：其一，是敦煌本地作者创作的诗歌；其二，是曾经在敦煌工作、生活过的流寓人士在敦煌创作或回忆敦煌岁月的诗歌；其三，是外地作者创作的抒写敦煌山川、人物、史事、风情的诗歌；其四，是失传的古

代诗歌佚品，别处不见，敦煌独存；其五，是外地作者创作的，仅词涉敦煌、阳关、玉门关者。

敦煌诗时间跨度大，作者众多，内容庞杂，形式多样。以教化为功用的作品在敦煌民间通俗诗歌中占有绝对多数，而且写实的诗较多。"咏敦煌事者，词不华藻，然意真而字实"。敦煌诗还有个特点，即无名氏的诗歌占有很大的数量。

一、敦煌存诗概况

敦煌遗书中，仅就诗歌而言，保存的作者姓名已见于《全唐诗》的有 20 余人，其中不乏享誉诗坛的名家。如李白诗 43 首，比传世的宋刻本《李白集》早 200 年以上，是极珍贵的唐人手抄写卷。白居易诗有《卖炭翁》《寄元微之》等。王重民先生认为其乃"据元和间白氏稿本"，"其价值，当仍在今行诸本之上"。王昌龄的诗共存 7 首，其中《城旁曲》《题净眼师房》两首，《全唐诗》不载。《题净眼师房》云："白鸽飞时日欲斜，禅房寂历饮香茶。倾人城，倾人国，崭新剃头新且黑。玉为意，金澡瓶，朱唇皓齿能诵经，吴音唤字更分明。日暮钟声相送出，袈裟挂着箔帘钉。"句式与内容都颇别致，与现存王昌龄诗作风格不同。敦煌写本所收唐人诗中，边塞诗人高适的诗最多，共 104 首，佚诗 8 首：《遇崔二有别》《奉寄平原颜太守（并序）》《双六头赋送李参军》《自武威赴临洮谒大夫不及因书即事寄河西陇右幕下诸公》《同李司仓早春宴睢阳东亭（得花）》《送萧判官赋得黄花戍》《一队风来一队砂》《钱故

人》。樊铸佚诗 10 首、刘长卿佚赋 1 篇。李翔《涉道诗》（七言律诗）存 28 首，《全唐诗》未收，《唐人诗选集》亦未载，是道教诗歌中的珍品。作者姓名不见于《全唐诗》的中原诗人，专家指出有近 30 人。韦庄《秦妇吟》的发现，是中国诗史上的一件大事。全篇长 1666 言，与无名氏古乐府《孔雀东南飞》并为我国古典诗歌中的长篇名著。翟奉达的诗共 6 首，对研究翟的思想生平有重要价值。王重民先生在国外阅读整理敦煌遗书后，辑出不见《全唐诗》者 231 首，但王梵志白话诗未辑。

唐代释家王梵志（有学者认为王不是出家人）诗的大量发现，为敦煌文献增添了一批宝贵的俗文学资料。《全唐诗》没有收录王梵志的诗，大约他的诗全是通俗的白话体，被正统文人视为鄙俗、粗浅，不屑采纳。敦煌存有他的五言诗残卷达 28 种之多，加上宋人笔记中收集到的，共 300 余首，成为敦煌学中的一个重要组成部分（图 36）。诗均无题，今人以首句为题，兹举三首：

他人骑大马，我独跨驴子。
四顾担柴汉，心下较些子。

何物重于地？何物高于空？
何物疾于风？何物多于草？
戒法重于地，慢高于虚空。
忆念疾于风，思想多于草。

图 36　P.2718
《王梵志诗一卷》（局部）

只见母怜儿，不见儿怜母。

长大娶得妻，都嫌父母丑。

耶娘不采括，专心听妇语。

生时不供养，死后祭泥土。

　　王梵志的诗不以抒情见长，也未创造诗的"意境"，主要是白描，用叙述加议论的方法再现和评价生活。所以他的诗歌明白如话，言近旨远，发人深省。

　　一般认为，中国的诗歌，唐诗尚"意境"，宋诗尚"议论"。但王梵志的诗却议论很多，打破了唐诗少议论的传统风格。即兴创作，书写随便，给敦煌诗增添了色彩。

现存的敦煌曲子词数量繁多，时代久远，内容广博，曲调多样。敦煌曲子词是原生态的词，唐宋词的母体，任二北先生《敦煌歌辞总编》收 1300 多首，散见于 150 多个卷号。唐人词曲《十二时》共 240 首，均无作者署名，有"天下传孝十二时""劝学十二时""学道十二时"等。《百岁篇》均七言绝句，每题 10 首，有"丈夫百岁篇""女人百岁篇"等。内容是佛教方面的诗歌，在敦煌诗中也不少。敦煌遗书中僧诗有数千首。《佛家赞文》共 60 篇，均无作者署名，有"释家赞""十弟子赞""劝善文赞"等。

还有不少形式别致的诗，不但有趣味性，而且真实生动地反映了社会和生活。如：五言咏二十四节气诗、七言咏九九诗、十二时诗、离合字诗图、方角诗图、重字诗"高山高入云，真僧真是人。清水清见底，长安长有君"等。

总之，敦煌诗中，有文人的诗，也有平民的诗；有高僧大德的诗，也有普通沙弥的诗；有汉人的诗，也有少数民族的诗；有中国人的诗，也有外国人的诗。因此，敦煌诗内容丰富、形式多样，是罕见的诗歌宝库。

二、《敦煌诗集残卷辑考》

由中华书局徐俊先生纂辑的《敦煌诗集残卷辑考》（图 37），出版于 2000 年。其上编《敦煌诗集残卷辑考》辑录诗集诗抄 63 种，诗 1401 首；下编《敦煌遗书诗歌散录》收诗 524 首。全书合计收诗 1925 首。

图 37 《敦煌诗集残卷辑考》
书影

徐俊先生在书的后记中说："这本书竟耗费了我十多年全部的业余时间！"傅璇琮先生在书的前言中指出："如果不具备传统文化的素养，是很难作出真确的、高层次的考释的。本书在这方面作了不少努力，既博且精，时出新见。""作者通过大量的文献辑比和严密的考证，作了精细的梳勘。"而且作者能从写本间和传世文献间的互证校释诗作，反响很好。

如书中辑录的 P.3619 高适阙题七绝（图 38）：

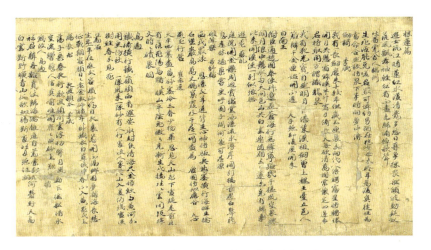

图 38 敦煌遗书 P.3619 中的诗歌（部分）

铁骑横行铁岭头，西看逻逤取封侯。

青海只今将饮马，黄河不用更防秋。

一队风来一队砂，有人行处没人家。

阴山入夏仍残雪，淡树经春不见花。

　　徐俊先生考此诗与《全唐诗》卷六七三所收周朴《塞上曲》基本相似（《塞上曲》末二句作"黄河九曲冰先合，紫塞三春不见花"），应是一诗异传。从敦煌曲子词的流变看，下面两首曲子词与此诗或许有直接的化用关系。P.3155《浣溪沙》词首二句云："一队风来一队香，谁家仕女出闺堂。"甚至津艺 134 曲子词第 12 首，"万里迢遰不见家，一条黄路绝鸣沙"句，也与此有关。更为有趣的是，这两首诗在敦煌作品之外还存在着另一首改写，元至元十五年（1278年）京师童谣云："一阵黄风一阵沙，千里万里无人家。回头雪消不堪看，三眼和尚弄瞎马。"

　　一首并不起眼的作品，作者指出了如此丰富的传承，就可看到纂辑者耗费的精力和文化素养。

　　但好多敦煌诗书中未收：王梵志诗、敦煌曲子词及韵文，"均不收录"。还有描写天象的《玄象诗》、医诀《青鸟子脉诀》等也未收入。

三、《全敦煌诗》

2006 年出版的《全敦煌诗》(图 39),共 20 册(另有索引一册),194 卷,收诗 4200 余首。该书"凡例"中说:"其辑录范围主要见于敦煌遗书,敦煌莫高窟发现的诗歌作品(包括诗、歌诀、诗偈、颂赞),概予收录和勘校。"并有好的注释。《全敦煌诗》是一百年来敦煌诗歌整理的一次总结,是目前收录敦煌诗最多的诗集。

《全敦煌诗》的主编是著名敦煌文学研究专家张锡厚先生,著名学者周绍良先生为顾问。今人痛惜的是,2005 年 7 月 17 日,张锡厚先生去世,同年 8 月 21 日,周绍良先生离世,他们都没有看到《全

图 39 《全敦煌诗》书影

敦煌诗》的出版！

因此，全书无前言、序言，没有陈述敦煌诗的价值和书的编辑情况。但是，"此时无声胜有声"，这缺憾又产生了别种效果，好像在书前立了一块无字碑，给读者留下了对书和作者的许多思考空间。

《全敦煌诗》收有文献失载作者李斌的诗四首，《大桐军行》为其中一首：

> 驱马出雄关，孤舟边私盈。
>
> 风传万里去，月带两乡情。
>
> 北望单于道，东临大武营。
>
> 塞闲秋解合，山净月泉明。

描写敦煌本地风物的唐人诗《敦煌贰拾咏》（图40），是明清以后多地咏写"八景""十景"诗的先例，书中全收录了，现录两首：

莫高窟咏

> 雪岭干青汉，云楼架碧空。
>
> 重开千佛刹，傍出四天宫。
>
> 瑞鸟含珠影，灵花吐蕙丝。
>
> 洗心游胜境，从此去尘蒙。

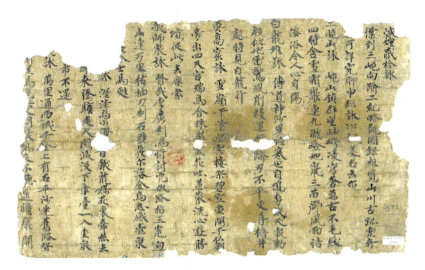

图 40 P.2983
《敦煌贰拾咏》（局部）

渥洼池天马咏

鸣哇为小海，伊昔献龙媒。

花里索丝去，云间曳练来。

腾骧走天阙，灭没下章台。

一入重泉底，千金市不回。

莫高窟第 231 窟有首题壁诗，作者不确，伯希和、谢稚柳均未收录，《全敦煌诗》收录了。

敦煌存王梵志诗 300 余首，《全敦煌诗》选其 150 首，大概编选者认为王梵志的诗大都不是一时一地一人所作。清代较好的敦煌诗，如督修敦煌城的汪灏的诗、道光年间敦煌县令苏履吉的诗、敦

煌本地人雷起瀛的诗都未收。特别是苏履吉，在敦煌县令任上先后六年多，稔熟本地风土人情，他本人又是位诗人，写有300多首有关敦煌的诗，从研究敦煌历史和艺术赏读的角度，都不应排除。民国时期的敦煌诗也未收。编著者的收录范围只限于敦煌遗书中的诗歌，但清代和民国时期的资料，不但是敦煌学的重要文献，也是敦煌诗不可或缺的部分。因而，是否会有"不全"之憾？

四、《敦煌诗选》

敦煌人纪忠元、纪永元兄弟编选，李正宇先生审定的《敦煌诗选》（图41），出版于2008年。该书收录了古今400多位作者的诗歌近1400首。因为其着眼于古今新旧敦煌诗的代表作，所以，从西汉到现今的敦煌诗歌都收。它无意中补充了《全敦煌诗》。清代和民国的敦煌诗，至今还无专门的收录，特别是民国时期的100首古体诗，其中有于右任、易君左、张大千、罗家伦等人的诗作，是敦煌学术的重要资料。书中收有

图41　《敦煌诗选》书影

中华人民共和国成立后古体诗 510 余首，新诗 398 首，而且都有好的注释，阅读很方便。

　　书中选录的有些诗作，平时较难找到，而且很精彩。如：

西城书画社征题

启　功

汉晋论书派，西陲擅胜场。

张芝与索靖，江表逊遗芳。

唐人写经残卷赞三首（其三）

启　功

墨渖欲流，纸光可照。

唐人见我，相视而笑。

阳关情思

罗哲文

阳关旧迹了无垠，古董滩头沙浪新。

唯有多情烽燧在，朝朝三叠诉离情。

新体诗中，闻捷所作《千佛灵岩》：

年年月月，清泉从变色岩上流过，

仿佛闪耀着北魏壁画多彩的颜色；

日日夜夜，白杨应和着窟檐的铁马，

仿佛唱着优美的东汉相和歌……

但这儿并不是什么世外桃源，

画家的心紧紧地扣着时代的脉搏，

他们辛勤地临摹灿烂的历史文化，

又为新的壁画献出无尽的心血。

这首诗的前两节，曾由著名作曲家瞿希贤谱成《莫高窟之歌——献给敦煌文物研究所的工作同志》，因韵律优美，曾被经常传唱。

厚重的文化和繁荣的旅游，造成了敦煌诗的继续兴盛，现代的敦煌诗作也很多，因此，选优原则当更为重要。正如柴剑虹先生在《敦煌诗选》序言中所说："关于自由体新诗的分量，我曾提出建议能否再精选一遍……"

敦煌古藏文写本

　　吐蕃是史籍记载的 7 至 9 世纪古代藏族及政权的名称。唐贞元二年（786 年）前后，吐蕃攻陷沙州，此后统治敦煌近七十年。在此期间，吐蕃在敦煌推行民族同化政策，计口授田，大兴佛教，使藏语文字对敦煌历史与文化产生了深远影响。在莫高窟现存的 492 个洞窟中，吐蕃时期开凿的洞窟有 57 个，补绘前期洞窟近 90 个，可见佛教之盛。

　　敦煌遗书中的藏文写本有近万件，部分被斯坦因、伯希和携往国外。1962 年，英国牛津大学出版社出版的《印度事务部图书馆藏敦煌藏文写本目录》，收录古藏文佛典写卷 765 件，分作十类：一、律；二、经及注疏（名称可考者）；三、经；四、经及注疏（尚待甄别者）；五、怛特罗文献（梵文名称可考者）；六、怛特罗文献（无梵文名称者）；七、怛特罗文献（待甄别者）；八、论（可考名称者）；九、论（待甄别者）；十、吐蕃人撰述。非佛教部分古藏文写本，由印度事务部图书馆整理成《斯坦因第三次探险所获藏文文书草目》，迄今未出版。日本东洋文库出版的《斯坦因搜集藏语文献题解目录》，

共 12 分册。敦煌博物馆收藏的古藏文写本有 6141 个卷号，8576 页。据此可知，古藏文写本的总数，要占敦煌遗书的五分之一左右。

敦煌古藏文写本的佛教内容居多，也有不少医学、天文等自然科学方面的内容。

下面列举一些古藏文写卷的内容：

吐蕃纪年法：自唐德宗贞元二年（786 年）至唐玄宗大中二年（848 年），吐蕃贵族一直是敦煌的统治者，这一时期，除当地汉人自编历日仍在使用干支纪年法外，吐蕃统治者使用一套具有民族特色的纪年方法。其具体方法是：把汉族的十天干变成木、火、土、铁、水并各分阴阳，仍是十数；十二生肖代替十二地支，二者相配，仍得六十周期。

吐蕃王朝编年史：敦煌遗书存 3 件（P.t.1288、S.t.750、Qr.8212）（图 42），共 307 行，用编年的方式记录吐蕃王朝每年的大事，包括会盟、狩猎、征战、税收等，是研究吐蕃历史的重要文献之一。

古藏文小邦邦伯与家臣表：敦煌遗书（Pt.1286）记述了吐蕃之前青藏高原各部落情况，以及它们之间的相

图 42　P.t.1288
吐蕃王朝编年史（局部）

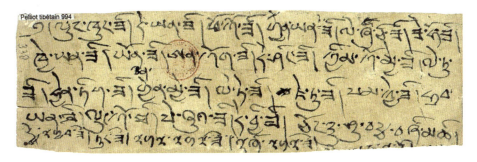

图 43 P.t.994

古藏文沙州诸寺名簿

互征战，涉及 17 个部落和地区的 17 位君长、23 名辅臣，对研究吐蕃以前青藏高原的历史、地理及部落关系有重要价值。

古藏文沙州某节儿上赞普书：敦煌遗书（Fr.80）共 11 行。吐蕃温江多宫转发的沙州某节儿上吐蕃赞普书，叙述沙州城归吐蕃后，原唐朝属民两度起事，杀死吐蕃都督节儿等事件及经数年治理后，沙州平安的内容。

古藏文军事文书：敦煌遗书（P.t.1185）共 29 行，有关如何征集、调拨军需物资的文书。内容大意是记吐蕃军队守边人员军需物资的补充，马厩的重新调配，以及立账呈报诸项，是研究吐蕃军事制度的重要文献。

古藏文沙州诸寺名簿：敦煌遗书（P.t.994）存 4 行（图 43），记载吐蕃统治晚期或归义军时期的沙州诸寺名称，共 17 所，它们是龙兴寺、大云寺、普光寺、乾元寺、灵修寺、圣光寺、开元寺、永口寺、安国寺、大乘寺、金光明寺、灵图寺、显德寺、乾明寺、莲台寺、净土寺、三界寺。

古藏医百病疗方长卷：敦煌遗书（I.O.NO:765），共 451 行。

包括吐蕃医学文献十篇，治疗内、外科多种疾病疗方60多条，是现存最长的吐蕃医学文献。

古藏文医马经、训马经。敦煌遗书（P.t.1062背、P.t.1065背）存110行，列举了放血、扎针、血针、火针、烧烙、药物灌饮等20余种医马和骟马方法，记录了吐蕃饲养、医治、调训马匹的丰富经验。

汉藏对译佛教词汇集：敦煌遗书（P.t.1257）共7页（图44），每页20至22行，先写汉文，下写对应的藏文，均作横书，内容均为佛教词语，是研究吐蕃佛教史和汉藏关系史的重要文献，也是解读古藏文佛典的重要工具。

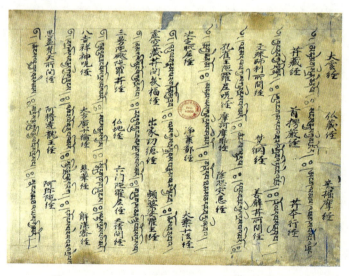

图44 P.t.1257 汉藏对译佛教词汇集（局部）

最古的围棋书——敦煌写本《棋经》

中国围棋在世界棋类发展史上占有辉煌的地位，并有巨大贡献。"远在两千多年前，我国已经出现了不少关于围棋的记载。到六朝时期，专业性的书籍开始出现。不独有棋谱和棋势等著作，而且理论性的专著也不断出现，形成了我国围棋发展史上的第一个高峰。但可惜的是唐朝以前的这批丰富遗产，由于种种原因，除少数短文之外，大都先后失传了。"（成恩元：《敦煌写本〈碁经〉与宋张拟〈棋经〉的比较研究》，载《敦煌学辑刊》1989 年 2 期）

以前都认为现存的最古的棋经是宋朝张拟的《棋经十三篇》。敦煌遗书 S.5574 "棋经一卷"的发现（图 45），改变了这一看法。

张拟是北宋皇祐（1049—1053 年）中的一个学士，他把围棋的战略战术原则，围棋的其他规则、词汇等作了总结性的整理，仿《孙子兵法》十三篇，作了《棋经十三篇》。这本书是我国围棋著述中流行最广、影响最深，而且也是唯一存世的一部关于围棋的理论性著作。它比欧洲最古的棋类经典著作早 250 余年。

1900 年敦煌藏经洞发现后，敦煌《棋经》被斯坦因盗走。以

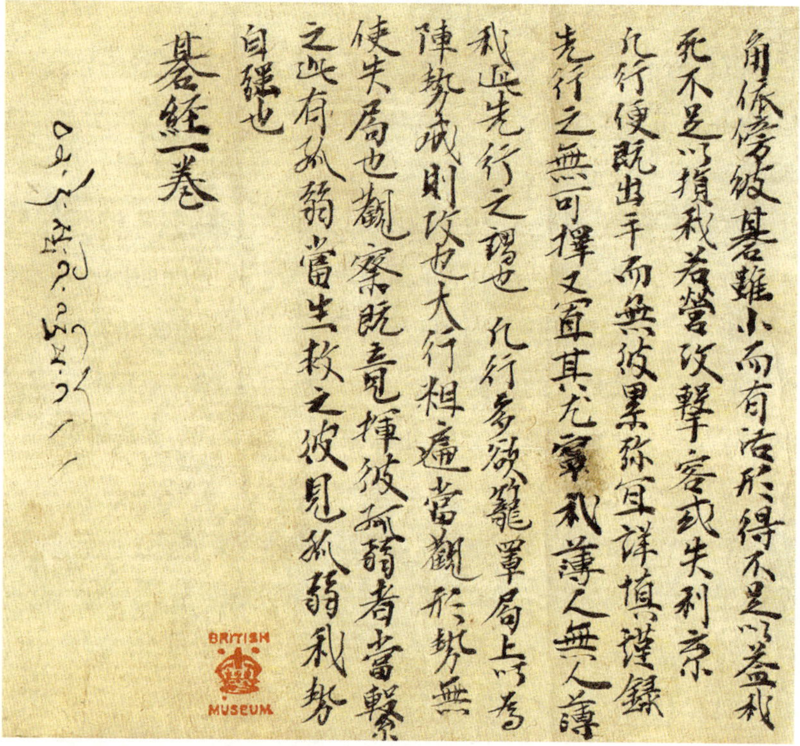

图 45　S.5574《棋经一卷》（局部）

后的几十年间，中国学者虽有提及，但都未见内容，也未做研究。直到 1960 年中国科学院以交换的方式，获及全部伦敦劫经的显微胶片，我国学者才开始研究它。考古学家成恩元先生说："敦煌《棋经》，博大精深，遍体玑珠，默默无闻，埋没竟达 1500 年之久，何其不幸耶！ 1900 年敦煌《棋经》再度出现，而国人给予重视，予以笺证考订者，竟晚至 88 年之后，又何其迟耶！"

　　S.5574《棋经》作者不详，首已残缺（缺三五行），实存 159 行，2499 字（包括藏文题记 5 字）。内容分为棋经七篇：第一篇篇名已

佚，其他为《诱证第二》《势用第三》《像名第四》《释图势第五》《棋制第六》《部峡第七》。附录三篇：《棋病法》、《棋法》（原佚篇名）及梁武帝萧衍的《棋评要略》。

《棋经》作于北周（557—581年）时期，比张拟《棋经十三篇》早400多年。它反映的是中国早期的、不为世人所知的围棋理论和技术水平。它是中国最古老的棋经孤本。他的巨大意义和贡献有：

1. 敦煌《棋经》的发现，改变了一直认为张拟《棋经十三篇》是我国最早的棋经之说，在中国围棋史上增加了新的光辉灿烂的一页。

2. 敦煌《棋经》提供了《棋经十三篇》中所没有的若干原理原则、战略战术。如《势用第三》中，提到"内怀花六，外煞十一行之棋"。

3. 敦煌《棋经》中，看到了若干久已失传的古代弈棋制度和棋法，如关于"论等"的制度。

4. 发现了更早的围棋古图谱的记载以及失传的围棋珍贵史料。

5. 梁武帝《棋评要略》的发现。

6. 《棋病法》是历代围棋经典中从未谈到的内容。

7. 对兵器发展史上的一些贡献。中国历史上真正使用火药炮是元代的事。敦煌《棋经》中居然出现"悬炮""炮棋"等词，这是值得注意、值得探讨的问题。

下面略举几例，让读者了解敦煌《棋经》的内容：

1. "有节便打，使有劣形"。是说凡遇见有可能打的地方，就要及时打之，使对方呈现坏的棋形。

2. "势若已输，自牢边境"。在形势不利时，应当先巩固自己

的阵地。

3. "贪则多败，怯则少功"。这两句话，既是兵法，也是棋法。北宋王禹偁《筵上狂诗送侍棋衣袄天使》中说："乃知棋法同军法，既戒贪心又嫌怯。惟宜静胜守封疆，不乐穷兵用戈甲。"

4. "古人云：不以实心为善，还须巧诈为能"。这是兵法中的一句作战法则。《孙子兵法》中指出："兵者，诡道也。"是指作战方法、作战艺术。

敦煌《棋经》在谈到战略、战术时，还结合古代有名的战争实例来说明问题，使读者能够从中得到实际生活的深刻印象，这是敦煌《棋经》的一大特点。

附录中梁武帝《棋评要略》是一种提要式的节录。其中大多数是张拟《棋经十三篇》中没有谈到或虽曾提到但简略不详的一些法则。如"宁我薄人，无人薄我，此先行之谓也"，"薄"是逼近的意思。"宁我薄人，无人薄我"，是春秋时楚相孙叔敖的名言，强调了积极的战斗精神。

棋子是敦煌古代的朝贡之物，《通典·卷六》中记"敦煌郡，供棋子二十具"，《唐地志》中记"都四千六百九十，贡棋子"（敦煌距长安4690里），可知敦煌围棋子在唐代已负盛名。

敦煌市博物馆于1980年在寿昌古城址（今阳关镇）北门处，出土66枚围棋子（黑41枚，白25枚），并有大量半成品和毛坯。棋子呈圆饼形，直径1.2厘米，中厚0.75厘米，为玉石质地，磨制精细，外形美观，光泽宜人（图46）。2008年8月，敦煌地区进行体育文物调查时，在一收藏家家中，发现大量围棋子，共81枚，

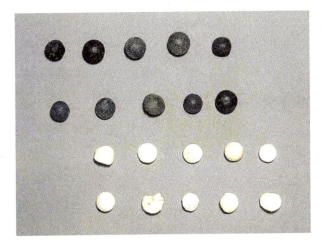

图 46　唐代棋子（1982 年出土于寿昌城遗址）

黑白色，玉材。

　　洞窟壁画中亦保存有围棋的画面。多见于维摩诘经变中，以表现维摩诘"若至博弈戏处，辄以度人"的情节（图 47）。

图 47　莫高窟宋代第 454 窟东壁弈棋图

珍品六字真言碑

  莫高窟有块六字真言碑，为元至正八年（1348 年）五月十五日僧人守郎所立。碑高 75 厘米，宽 55 厘米，上额自右而左横刻"莫高窟"三字，碑心刻四臂观音坐像。坐像上方及左右两侧各刻"六字真言"两行，每行变换一种文字，计有汉、藏、西夏、八思巴蒙古、回鹘、梵六种文字。内容为"唵、嘛、呢、叭、咪、吽"。"真言"右侧刻有功德主速来蛮西宁王及妃子、太子等题名，下部及左侧刻有沙州路及河渠司提领、大使、百户、僧人、长老等七十二人题名及立碑年月。外围之外，右有二名丘尼名，左侧刻石匠名。全部题名八十二人，据姓名推测，有蒙古、汉、西夏、回鹘等族人。

  此碑形式和内容颇为罕见，堪称珍品。

  有六种文字的碑石，全国唯居庸关一块、莫高窟一块。六字真言碑这样的行式布局，只此一块。碑文中记录了西宁王速来蛮移镇沙州及世系的资料，补正史之不足，有力证明了敦煌确是一个多民族聚集的所在。

向达先生 1944 年第二次在敦煌考察时，见到了本地人荣甫的六字真言碣拓片，写下了题记（图 48）：

元至正八年莫高窟造像碑，在今敦煌城东南四十里之千佛洞。千佛洞初建于晋穆帝永和九年，符秦元魏继为恢弘，李唐一代始臻极，盛唐人称之曰莫高窟，易名千佛洞，当在明清之际也。碑具梵、藏、汉、西夏、八思巴蒙古字及回鹘文。凡六体书皆唵（an）、嘛（ma）、呢（ni）、叭（ba）、咪（mi）、吽（hong）。六字真言多种文字对音，宇内唯居庸关石刻应备次六种文字。而幅钜盈丈，毡墨水易，是以其流传反不若绝塞。此碑之广幸欤？抑不幸欤？吾乌得而知之，碑中功德主速来蛮西宁王名见《元史·宗室表》，顾未著其妃子及子之名。此碑适可以补史之却，全石文字有盖于史于此，又获一证矣。卅三年六月重游敦煌。

荣甫先生出此新拓墨本，尾题目为漫识数语还之。六

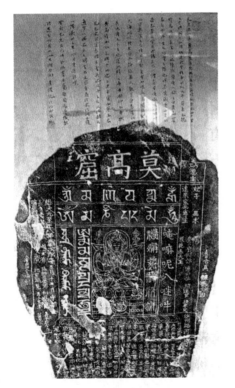

图 48　六字真言碣拓片
及向达先生题记

月十一日湘西向达谨记于沙州古城。

1946年于右任先生在常书鸿先生的钢板精印六字真言拓片上题字（图49）：

　　莫高窟碣镌于元至正八年，上具莫番、汉、西夏、蒙古、回鹘六体书，于以见元时国势强盛，疆域之广。居庸关有六体文字碑，以幅大而拓者少。此碣高七十四公分。宽五十公分，幅小而传布甚广。敦煌艺术研究所常书鸿先生以石质松脆，不宜多拓，特以钢板精印，用为游览莫高窟者之纪念。于右任因为之跋，时民国三十五年五月。

两位先生的题记，更为此碑增色增新。

图49　莫高窟六字真言碣，
1946年于右任先生题字

敦煌拾珠

敦煌还有许多个珍宝和"之最"，简列于下，和读者共同赏读。

1. 西汉晚期，鲁国人氾胜之晚年徙家敦煌定居，著有《氾胜之书》。这是我国一部重要的农学著作，也是我国最早的一部农书。敦煌遗书《古类书》中有此书佚文。

2. 敦煌遗书《西魏大统十三年（547年）瓜州效谷籍帐》（S.613）是隋唐以前现存最早的也是唯一一件同时登记民户户口、土地、赋税的遗书。

3. 1990年，敦煌悬泉置遗址出土文物中，有24张书写墨迹的麻纸，它是目前我国唯一发现的西汉有墨迹麻纸，把中国发明造纸术的时间提前了170多年。出土于敦煌马圈湾遗址的麻纸，再次证明了这一事实。

4. 斯坦因劫走的唐咸通九年（868年）刻印的《金刚般若波罗蜜经》（图50）是世界上现有最早的、有确切题款纪年的雕版印刷品，被誉为世界印刷史和版画史的"冠冕"。此卷首尾完整，图文并茂，全卷长488厘米，宽30.5厘米。

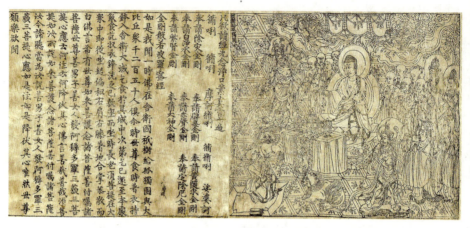

图 50　G.8083

唐咸通九年（868 年）刻印本《金刚般若波罗蜜经》（局部）

5. 敦煌保存的 4 至 13 世纪连续不断的写经纸，为造纸术研究提供了一部完整的纸籍。

6.《进奏院状》写于唐僖宗光启三年（887 年），卷长 97 厘米，宽 28.5 厘米，约 60 行，是沙州归义军节度使张淮深的进奏邸报，新闻界认为是现有最古老的报纸。

7. 敦煌保存的地方州县学校使用的教材，是至今见到的保存最早的教材版本。

8. 莫高窟现存的五座唐末宋初石窟木构窟檐，是我国为数不多的早期木构建筑实物，仅迟于最古的山西五台山南禅寺木构大殿，被史学界和建筑家所称道。

第 196 窟晚唐残窟檐一座，宋初窟檐四座。其中第 427 窟窟檐（图 51）建于宋初开宝三年（970 年），第 444 窟窟檐建于开宝九年（976 年），第 431 窟窟檐建于太平兴国五年（980 年）。此外，还有宋

初慈氏木塔一座，宋初
土坯花塔一座等。

9.隋唐时期繁多
的医书绝大多数现已亡
佚，敦煌遗书却为此弥
补了很大空白，提供了
早期的医学实物。

图 51　莫高窟宋代第 427 窟窟檐建筑

切脉是中国人的发
明，现存流传最广的是《脉经》，是六朝人所作，但已佚亡。现存
流传的都是唐宋以后的辑本。完整的一件在敦煌被发现，《玄感脉
经》（P.3477），现存 69 行，是中国医学上了不得的事情。

《灸法图》（S.6168、S.6262）（图 52），唐代绘写本，主要
记叙各类病症名称、主治穴位及灸疗壮数。记文后均绘有人体正面

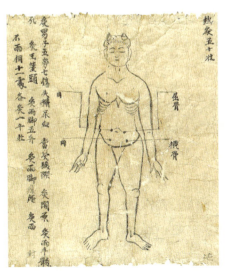

或背面全身图，图上点记穴
位。文中还记载了部分未见
于现存针灸书的穴名，为"板
眉""脚五舟""天门""夏
俞"等。此书为现知最早的
灸疗图谱。

《新修本草》（S.4534、
S.9443，P.3714、P.3822）是

图 52　S.6168《灸法图》（局部）

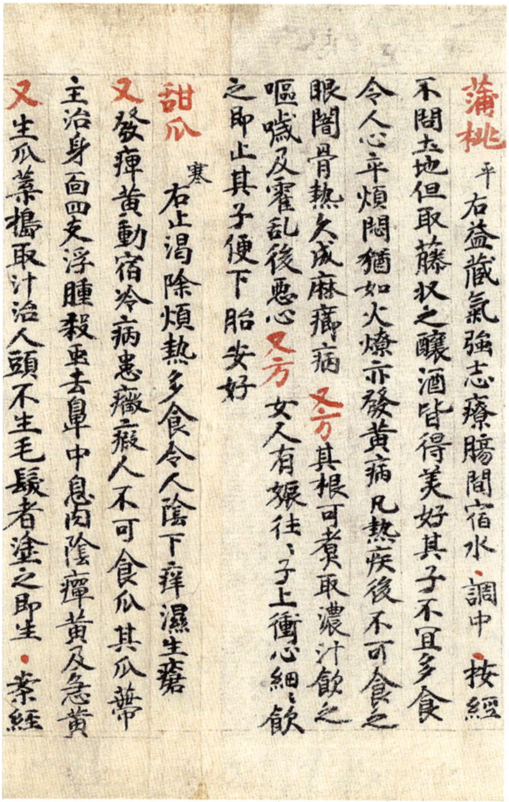

图 53 S.76《食疗本草》（局部）

唐苏敬等撰写于显庆四年（659年）的药书。书中订正前代药物纰缪400余处，增加药物百余种，系统总结了唐以前中药学的成就，计收药844种。该书是中国第一部由国家颁布的具有药典性质的药学著作，也是世界上第一部由国家颁布的药典，比欧洲最早的《纽伦堡药典》（1542年）早800多年。原书早佚，敦煌写本为现存最早原传本。

《食疗本草》（S.76）（图53）是食物治疗专书。唐孟诜撰，共有227条，原书早佚，佚文散见于《经史证类备急本草》《医心方》等书。此卷为现存唯一的古抄本，是整理研究该书的宝贵文献。

10.基督教聂斯托利派在唐代被称为景教，唐太宗贞观九年（635年），该教传教士到京城长安传教、建寺，至唐武宗会昌五年（844年）被取缔后，相关典籍也大多散失。明代熹宗天启五年（1625年）

在西安西郊发现了《大秦景教流行中国碑》，它是唐德宗建中二年（781 年）建立的，这是景教流行中国的最有力的物证。巴黎有一个博物馆就立有一块《大秦景教流行中国碑》，姜亮夫先生曾经问过斯坦因，回答是他们请中国匠人复制的，而且世界上天主教国家大都复制了此碑。此碑出土后的三百年，藏经洞发现了七种有关唐朝景教文献的汉译抄本文献：《大秦景教三威蒙度赞》（图 54）、《尊经》《志玄安乐经》《序听迷诗所经》《一神论》《大秦景教宣元本经》《大秦景教大圣通真归法赞》。

唐代开元间，沙州有景教之堂——大秦寺。近年来在莫高窟北区发现了叙利亚文的《圣经诗篇》和铜铸十字架，这是景教在敦煌地区流行的有力证据。《马可·波罗游记》中有这样的记述：“沙

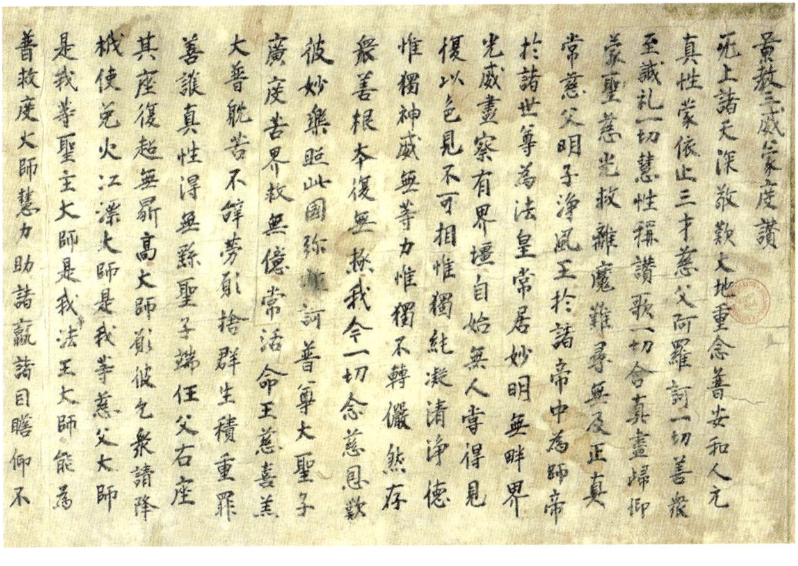
景教三威蒙度讚
无上諸天深敬歎大地重念普安和人元
真性蒙依止三才慈父阿羅訶一切善衆
至誠礼一切慧性稱讚歌一切含真盡歸仰
蒙聖慈光救離魔難尋無及正真
常慈父明子淨風王於諸帝中為師帝
於諸世尊為法皇常居妙明無畔界
光威盡察有界疆自始無人嘗得見
復以色見不可相惟獨絕凝清淨德
惟獨神威無等力惟獨不轉儼然存
衆善根本復無極我今一切念慈恩歎
彼妙樂照此國彌施訶普尊大聖子
廣度苦界救無億常活命王慈喜羔
大普耽苦不辭勞願捨群生積重罪
善護真性得無繇聖子端任父右座
其座復超無量高大師願彼乞衆請降
栰使免火江漂大師是我等慈父大師
是我等聖主大師是我法王大師能為
普救度大師慧力助諸羸諸目瞻仰不

图 54 P.3847《大秦景教三威蒙度赞》（局部）

图 55　榆林窟西夏第 3 窟东壁冶铁图

州居民多是偶像崇拜者。也稍有聂斯托利教派之基督徒和回教徒。""城中有许多寺院，寺中供奉着多种多样的偶像。居民对这些偶像十分虔诚，常常祭以牲畜。"这说明直到元代，敦煌仍有景教流行。

11. 榆林窟第三窟有一幅西夏时期的《酿酒图》，图中的叠压式蒸馏器乃世界上现存最早的烧酒蒸馏设备。

12. 莫高窟第 301 窟是北周时期的洞窟，窟内南坡壁画中三匹马都备有马鞍及镫。第 154 窟是唐朝洞窟，窟内南壁的马、马鞍、辔、笼头、肚带俱全。

李约瑟认为，马镫虽简单，却在历史上产生了巨大的催化影响，帮助了欧洲封建制度的建立，使中世纪欧洲进入了骑士时代。马镫的发明和应用，大大提高了战士的战斗力。马镫是从中国传入欧洲的。

13. 榆林窟西夏时期建成的第 3 窟东壁《冶铁图》（图 55）中，长方形双扇木风箱是当时世界上最先进的鼓风设备。

14. 敦煌遗书中保存的后周广顺二年（952 年）《田亩算表》和田积算法，为现代算书所不载，是项首创。

15. 敦煌遗书中保存的《太公家教》，约成书于安史之乱之后，是现存最早的格言谚语蒙书。

16. 敦煌遗书中保存的 P.3257《后晋开运二年（945 年）敦煌寡妇阿龙地产诉讼案卷》（图 56），记录了官府办理民事诉讼案的完整过程，在我国法学史上具有重要价值，在我国档案学史上也是独一无二的。

从此案我们可以看出，当时的诉讼是免费的。而且此案从立案、受理到结案，只用了五天时间。如此快的办案速度，就是在今天也少见。

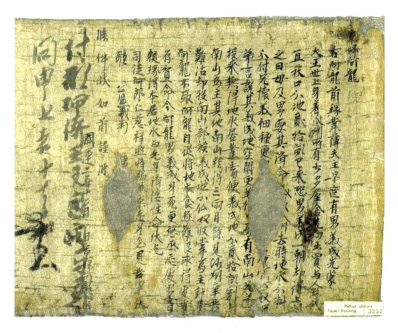

图 56　P.3257
《后晋开运二年（945 年）敦煌寡妇阿龙地产诉讼案卷》

17. 敦煌遗书中《印度制糖法残卷》（P.3303），证明制糖法在唐代传入敦煌和中原。而且，《乙卯年（955年）二、三月押衙知柴场司安祐成状并判凭》（S.3728），有"衙内煎饧柽叁十五束"语。这儿的"饧"，是一种土法生产的糖。这是敦煌制糖的最早记载，距今已1000多年。

18. 现藏法国吉美博物馆的敦煌所出五代绢画降魔变图中，绘有火铳图像，可能是世界上最早使用火器的资料。

19.1963—1966年，敦煌莫高窟进行全面维修时，东南段石窟群第125窟与126窟之间的岩石缝间发现丝绣"说法图"残片一块，上面绣着"太和十一年（487年）四月八日'广阳王母''息女僧赐''息女灯明'"字样。这是藏经洞中所未见的最古老绣品。这幅刺绣品使用辫子股所绣的针法，用红、黑、蓝等色丝线绣成。字体和图案至今清晰如新。同时发现的还有一批北魏边饰图案的绣品，也是用锁针法绣成的。这是研究丝绸和装饰图案的珍贵实物资料。

20. 常书鸿先生曾说："在国立里昂美术专科学校染织图案系攻读时，当时老师告诉我们，是法国著名的机械师茄卡得创造了提花织机。但是当我1943年到达敦煌，看到金碧辉煌的服饰织物图案时才恍然悟到：这些织物图案是在6世纪左右的隋唐时代绘制的，比茄卡得早1000多年。"

21. 敦煌遗书中保存了12件相书（图57），相书是依据人的面相和躯体其他部位的特征预测吉凶，唐宋典籍和传世相术著作中，均未发现与敦煌相术名称相同的相书。敦煌写本相书有文有图，对了解唐宋时期相术和社会风俗很有价值。

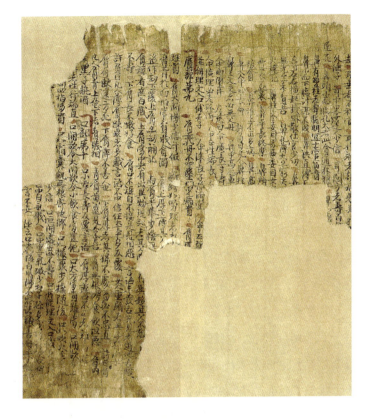

图 57　S.3395 相书·肩部等

22. 敦煌遗书中还有一种名为《珠玉抄》的小类书，现有 11 件，该书以问答的形式介绍史地、天文、伦理、时令等基础知识。因其内容重要、文字简明、字字珠玑，被称为《珠玉抄》。

23.《启颜录》（S.610）是失传的古代笑话集，成书于唐代，宋以后失传，敦煌写本保存了部分内容。

24. 以前人们把五代后蜀国君孟昶题写的"新年纳余庆，嘉节号长春"视为我国最早春联，但是敦煌遗书 S.610V-1（美藏）唐代

春联，抄写于 723 年前后，比孟昶题写的早 200 年。这些对联是：

岁日：三阳始布，四序初开。

福庆初新，寿禄延长。

凶随故往，逐吉新来。

年年多庆，岁岁无灾。

立春日：立春题户上，富贵子孙昌。

鸡能避恶，燕复宜财。

门神护卫，厉鬼藏埋。

书门左右，吾傥康哉。

图 58 莫高窟中唐第 112 窟南壁观无量寿经变·乐队

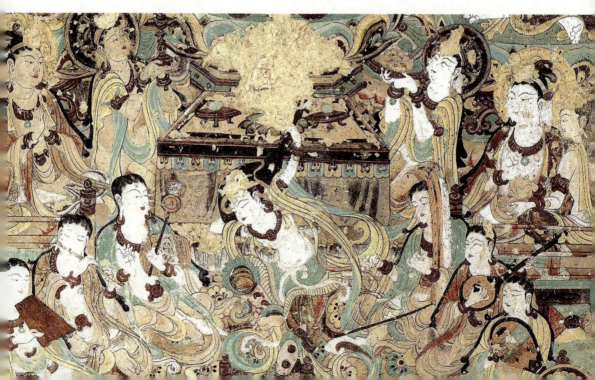

25. 段文杰先生曾指出："敦煌壁画中音乐舞蹈场面成百上千，几乎无窟不有。"敦煌壁画中尚存大量的古代乐器图像，其数量之多、种类之丰富、表情之生动，举世叹为观止（图58）。据郑汝中先生的调查，仅莫高窟绘有音乐图像的洞窟就有240个，绘有各种乐伎3520身，有不同类型的乐队组合490组，出现乐器43种，共绘有各种不同形制的乐器4549件。气鸣类的有横笛、凤笛、竖笛、筚篥、挑箫、笙、角、画角、铜角、贝、埙。弦鸣类的有琵琶（700余只）、五弦、葫芦琴、阮、弯颈琴、筝，等等。

下编·历史人物

僧人与敦煌

　　佛教传入中国后，对中国文化产生了深远重大的影响。敦煌是古丝绸之路的咽喉，是佛教东渐的第一站，因而成为东西文化的汇集处。佛教的兴盛孕育了敦煌文化。唐五代敦煌文化的发展，与僧侣有很大关系。敦煌文化没有佛教，无从谈起。如果抛开僧侣，敦煌文化就是一锅没盐的汤。有很多僧侣，既是名僧，又是名儒，既是官又是僧。他们或译经弘法，或开凿洞窟，或参政为官，或救度众生，都在敦煌留下了辉煌的篇章。

　　我国历史上，西行求法的僧人众多，路经敦煌、憩驻敦煌的也很多，可惜留下的记载很少。最有名的三位西行求法僧法显、玄奘、义净，有两位就曾路经敦煌。法显是东晋隆安三年（399 年）从长安出发，经甘肃、新疆到印度，他给世人留下了《法显传》一书；玄奘是唐贞观十三年（639 年）从长安出发，经甘肃、新疆到印度，唐高宗永徽四年（653 年）返回长安，他给世人留下了《大唐西域记》一书；只有义净未过敦煌，他是在唐高宗咸亨二年（671 年）从广州取海路到印度，给世人留下了《大唐西域求法高僧传》一书。在

敦煌留有足迹的高僧还有昙摩密多、鸠摩罗什、宋云等。

　　莫高窟有 492 个洞窟，这些洞窟的开凿建造，耗费了大量的人力、物力和时间。其中有许许多多僧人的钱财、汗水和生命。敦煌有事迹有名字记载的僧人有 90 多位，这只是一部分。今天，我们仅仅知道第一个在莫高窟开窟的是乐僔和尚。杰出的翻译大师竺法护是世居敦煌的月氏人，被尊为"敦煌菩萨"。僧界领袖悟真，主河西僧务 26 年，在政界、僧界、文化界皆有很大影响。他们都对敦煌文化的发展做出过令人称道的重大贡献。但这许多人和事，人们了解的还不是很多。下面根据前人的研究，择其要者，加以简单介绍。

竺法护

　　又名竺昙摩罗刹，是世居敦煌的月氏人。他 8 岁在敦煌出家，拜外国沙门竺高座为师，随师姓竺；晋武帝时，随师游历西域诸国，遍学西域三十六种文字，携大量梵文经书回到敦煌，不久又东行至长安、洛阳，一路译经传教；太康五年（284 年），回到敦煌，继续从事译经工作，后又曾到长安等地译经传教。

　　他是我国古代一位杰出的翻译大师，所译佛经对后世佛学的发展有深远影响。他先后译经 160 余卷，所译佛经有般若经类、大乘经律等，几乎涵盖了当时西域流行的主要佛经典籍，而且造就了一大批译经人才，时人称为"敦煌菩萨"。

乐　僔

前秦僧人，莫高窟创始人，戒行清虚，执心恬静。建元二年（366年），他杖锡林野，至敦煌鸣沙山东麓断崖边，在大泉河畔见夕阳中三危山金光万道，气象非凡，状有千佛，遂大彻大悟，在此凿岩造窟一所，莫高窟开窟造像活动自此始。

洪　辩

俗姓吴，亦称吴和尚、吴僧统，唐沙州僧人。幼年出家，有辩才，谐蓄语。大中二年（848年），助张议潮起事，并遣弟子悟真随张议潮使团入唐奉表。大中五年（851年），唐宣宗敕其为京城内外临坛供奉大德，充河西释门都僧统，摄沙州僧政、法律三学教主，又开大佛堂一所（莫高窟第16窟）。领沙州十六所寺及三所禅窟，兼为沙州僧政十余载，约卒于咸通三年（862年）。族人及弟子就禀室为影堂（即今莫高窟第17窟藏经洞），内塑其真容（图59）并立告身碑。

图59　莫高窟第17窟（藏经洞）洪辩真容塑像

悟 真

俗姓唐，沙州灵图寺僧，晚唐五代时期敦煌最有影响的僧界领袖，是历任都僧统中任职时间最长的一位，主河西僧务 26 年；约在唐文宗太和三至九年（829—835 年），出任灵图寺主持。他仪表合乎法度，处世公平正直，在敦煌僧界享有极高威望。大中二年（848 年），跟随师父洪辩与张议潮起事。在驱逐吐蕃，收复瓜、沙的军事行动中，"参戎幕、掌笺表"，显露出多方面才能，升为都法师。大中四年（850 年），奉张议潮、洪辩之命，出使长安。第二年到长安，唐宣宗敕授京城临坛大德，赐紫。曾和朝廷官吏及高僧大德互赠诗作，敦煌遗书中有此类诗 15 首。悟真是敦煌遗书中保存作品较多的一位高僧，有诗歌、邈真赞等。昭宗乾宁二年（895 年）病逝，享年 95 岁，死后葬仪隆重。

昙 旷

河西建康（今酒泉、张掖之间）人。出家后先后在家乡、长安学习大乘佛学，最迟于唐肃宗宝应二年（763 年）到达敦煌，住在龙兴寺。昙旷在敦煌居住传道长达 20 多年，撰写了《大乘入道次第开决》《大乘百法明门论开宗义记》《大乘百法明门论开宗义诀》等专著，对大乘佛教在敦煌的流传做出了重大贡献。

敦煌遗书中保存了他大量佛学著作写本，有近百个卷号。昙旷

晚年抱病回答吐蕃赞普提出的有关大乘佛学的二十二个问题，由弟子笔录写成《大乘二十二问》。大约在唐德宗贞元四年（788 年）逝于敦煌。

法　成

吐蕃僧人，出生于达那（今西藏谢通门县境内）的管氏家族。他通晓藏、汉、梵三种语言文字，是吐蕃统治敦煌时期的著名译经大师。

大约在唐文宗太和七年（833 年）以后，法成来到沙州永康寺译经著述，后曾移居甘州修多寺 4 年。张议潮起事后，力挽法成回到沙州，居开元寺主持译经工作，同时开讲《瑜伽师地论》。

法成一生译经著作非常丰富，有四类：一、汉译藏，有《金光明最胜王经》《解深密经疏》《楞伽阿波多罗宝经》《贤愚因果记》《贤愚因缘记》等十二部；二、藏译汉，有《般若波罗蜜多心经》《诸星母陀罗尼经》《萨婆多宗五事论》《菩萨律仪二十颂》《释迦牟尼如来象法灭尽记》五部；三、编著，有《大乘稻竿随经听手镜记》《大乘四法经论及广释开决记》《叹诸佛如来无染著德赞》三部及《瑜伽师地论讲义录》；四、藏文著述，有《孟秋施物缘起要说》《善恶业报要说》等。

法成大约逝于唐懿宗咸通十年（869 年）。

捐躯敦煌的沙州刺史李无亏

2002 年 3 月，修建陕西杨凌农业高新产业示范区时，发现了武则天万岁登封元年（696 年）安葬的沙州刺史李无亏的墓。李无亏事正史不载，但这方墓志详细记录了他的身世及生平，填补了敦煌历史上的一些空白，包含着许多有价值的历史信息。

李无亏是唐代陇西成纪（今甘肃秦安北）人，他是丞相李蔡的后裔。他的父亲行机是唐朝益州九陇（今四川成都附近）县令、上柱国、淮阴县开国公。

唐高宗麟德二年（665 年），李无亏进士及第，曾任秘书省雠校。唐高宗总章二年（669 年），任定州北平县丞，永淳元年（682 年）任并州阳曲县令，垂拱元年（687 年）任芮州府果毅。载初元年（690 年），李无亏任沙州刺史兼豆卢军经略使。敦煌遗书《沙州都督府图经》（P.2005）记载了李无亏任沙州刺史期间（690—694 年）修筑堰渠、迁建驿站、奏折瑞应诸事。

修筑长城堰。"右，在州东北一百七十里。堰苦水以灌田。承前造堰不成，百姓不得溉灌，此时李无亏造成，百姓欣庆"。"大

周圣神皇帝赐无亏长城县开国子，故时人名此堰为长城堰"。

苦水在今敦煌市东 60 公里和瓜州县交界处，即《玄奘传》所谓"葫芦河"。20 世纪 90 年代，李正宇先生曾在水北寻及长城堰，依稀可辨遗迹。

移置清水驿。"右，在州东北一百卅里。去横涧驿廿里，承前驿路在瓜州常乐县西南，刺史李无亏以旧路石碛山险，迂曲近贼，奏请近北安置，奉天授二年五月十八日敕，移就北"。

因旧路在党河南山，离常来骚扰的吐蕃近，所以李无亏奏请朝廷，将瓜州至沙州道路向北迁移。新置了清泉、甘草、阶亭等驿，废了东泉、其头驿。

武则天天授二年（691 年），李无亏给朝廷奏报了沙州出现的"瑞祥"：一月，敦煌世家大族阴氏成员阴嗣鉴声称在平康乡武孝通园内看见了五色瑞祥鸟，"头上有冠，翅尾五色"。也是在这年，阴守忠声称看见了一只毛色雪白的白狼，经常到他家附近，但并不伤害儿童和牲畜。另外还有"五色云扶日""蒲昌海五色"。刺史李无亏表奏："谨检《瑞应图》曰：'圣人在上，日有大光，天下和平。'……诸处救日，亦总见五色云抱日。"李无亏将这些现象都奏报朝廷，为武则天称帝造舆论。

李无亏任职期间，还参与修建了莫高窟北大像（96 窟）。

在这一时期，吐蕃经常侵扰西域和甘肃河西走廊一带。面对吐、突联军的不断侵扰，李无亏顽强据守沙州，并主动出击，多次配合西域前线击退了吐、突联军，取得了重大胜利，因而受到朝廷的嘉奖。长寿二年（693 年），"加太中大夫，又进爵长城县开国公，

并赏懋功也"。

　　当时沙州的防御力量主要是驻守城中的豆卢军，兵力只有"营兵四五百人，马四百匹"。延载元年（694 年）秋，数万吐、突联军进犯沙州，面对这场众寡悬殊的保卫战，李无亏"奋不顾身，甘赴国忧"，带领沙州军民顽强战斗。他"斩将搴旗，雄心克振"，因受箭伤，终至不治，"延载元年（694 年）八月七日"，终于沙州官舍，"时年五十八岁"。武则天闻讯后，十分悲伤，"乃下制曰：……遂能被坚执锐，率众先锋。临难忘生，捐躯殉节，英勇奋发，僵仆为期。念兹诚慨，良可嘉悯"，让官府做了棺木，用车把他的尸体运到京郊，万岁登封元年（696 年）一月十八日，"葬于稷州武功县三畤原"（今陕西省咸阳杨陵区杨村乡）。

县令苏履吉

清朝道光年间，有位叫苏履吉的南方人，在甘肃做县令近20年，足迹遍及甘肃的陇东和河西，还涉足青海、新疆，办了许多好事，官德留芳于甘肃。

苏履吉（乳名发祥，字其旋，号九斋）生于清乾隆四十四年农历七月十三日（1779年8月25日），福建德化人。

嘉庆十八年（1813年）苏履吉登拔萃科，这年他34岁，第二年赴朝考，保和殿复试，取为二等第一名，钦点知县，签分甘肃。嘉庆二十年（1815年），他到甘肃赴任。

一、敦煌七年

敦煌位于甘肃省最西端，地处新疆、青海、甘肃三省（区）交界处，是古丝绸之路的咽喉重镇。两晋及汉唐，敦煌既是经营西域的军事前沿，又是东西方经济文化交流的交汇点，因而有着十分辉煌的历史文化。但自从海上交通发展，中国经济发展重心逐步向

东南部转移后，西北逐渐落后。敦煌也随之衰败。元代起，豪门贵族陆续内迁，明代又放弃对敦煌的经营，敦煌便成为蒙古族和维吾尔族的驻牧地，当地汉唐文化从此断传绝踪。清代康熙五十四年（1715 年），朝廷再度经营河西，雍正三年（1725 年）设沙州卫，七年（1729 年）招募陕、甘、青无业贫民 2405 户充实垦种，敦煌才再度渐渐复兴。

垦种发展是缓慢的，文化的振兴发展更是缓慢。从雍正初年到道光初年的百年间，敦煌才逐渐发展到"吏民相亲，岁收丰稔，俗美风醇，已蒸蒸日上"，即所谓："仓廪实而知礼节，衣食足而知荣辱。"苏履吉是道光四年（1824 年）到敦煌任县令的，在他之前的百年，敦煌有 30 多位县令，他们之中也不乏重视发展教育文化的县官，如曾希孔、彭以懋、朱凤翔等。但也许是由于经济状况所限，成效都不太显。苏履吉到任后，沿用他在陇东各县一贯重视教育、培养人才、发展文化的思想作风，使敦煌的教育文化有了长足的发展和振兴。苏履吉是对敦煌近代教育文化发展有巨大贡献的重要人物，他在敦煌任职时间长、所办实事多，为敦煌近代文化的发展做出了永载史册的贡献。敦煌人民会永远记着他。

苏履吉在敦煌知县任上，先后七年。他曾有诗并序：

余自道光四年末署是邑，五年卸事，六年，旋调是缺；七年，回疆不靖，军务旁午，调署安西州牧；九年，兼摄（敦煌）县事；十年春，仍回本任。计岁杪即届五年秩满。前后七年，四至此堂。余愧无以教民，然当此边陲永靖，年岁屡丰，与民相

安无事，实守土者之幸也。复题此额，并系以诗。

七年四至此名堂，坐对斯民信悚惶。

不改书生真面目，犹怀慈母旧心肠。

儿童渐望春增长，父老相看岁健康。

愧我去来踪靡定，漫言五载报循良。

署安西州时，他"累请蠲除安西州征粮一千四百七十余石，草八千七百一十余束，'民皆感戴'"。在任时他的主要事迹还有：

重修书院

清乾隆二十五年（1760 年）敦煌改卫升县。设县后的第一任县令曾希孔（举人，顺天宛平县人）创建了鸣沙书院，地址在城关东北角乾州庙东侧（现中医院二部北面）。那里潮湿，房屋虽经过修葺，苏履吉到任时，又多倾圮，他便进行了重修，并亲自撰写了《重修鸣沙书院碑记》：

鸣沙书院，创修历有年矣。……甲申余署敦煌，延武威孝廉曾生元鲁主讲，顾修脯菲薄，将公项再发千余金，岁得息余，填为修脯、膏火。犹虑书院倾圮未修，诸生无藏修游息之地，亦守土之责也。将以修葺，旋以卸事去。乙酉冬，复调斯土，下车即与广文孙公、少府吴公倡捐，并劝谕士民、商贾各勷是举，计得资不下千金。……兴工于丙戌（1826 年）春三月，甫一年，惟书院之工尚未告竣，余适权篆安西。董其事者阴生玉贵、白

生光珠，以捐资不足，请命于余。余复出数百金，令修毕之。
继而嘱主讲曾、少府吴督成其事。越戊子（1828年）春始告竣焉。

《敦煌文史资料选辑》中，东街小学前校长田振华记道："重修鸣沙书院工程浩大，经费不足，苏履吉去职，调任辗转，终不忘此盛举，倡地方士民、商贾捐资，自己捐资，使重修工程告竣，可见苏履吉不失为一有识之士。"

鸣沙书院在清代及民国初年一直是敦煌的最高学府，为敦煌培养了许多人才，1937年后更名为县立东街完全小学至今。

在敦煌，苏履吉"并置义学多处"。

泉畔建厅

苏履吉还在敦煌风景名胜地鸣沙山月牙泉中修建了"官厅"。官厅是在月牙泉南畔高台上建造的一座大三间轩厅。该厅面泉，前有栅栏，可供游人遮阳憩坐，品茶吟诗。两侧有画廊，画廊风墙上开有月窗，后面有一院落及数间房屋。正厅西侧有一壁龛，内镶约两米高木牌，上书"汉渥洼池"四个大字。笔力雄浑遒劲，有行草味。后人皆不知何人所书，我推测就是苏履吉所书。理由有三：其一，官厅是苏所修，他是县令，又善书，可能性极大。其二，苏履吉当时也认为月牙泉即出天马的汉渥洼池，有其诗为证："清泉一勺月为牙，四面堆沙映日斜。为问渥洼何处是，龙媒除此别无家。"其三，敦煌地处偏远，各处名胜庙宇匾联多为本地文人绅士所题，比如莫高窟九层楼门楣悬挂的红底黑字"大雄宝殿"四字，为本地

名人朱拔贡所写；月牙泉官厅正面悬挂的白底黑字"别有天地"匾，是民国初年驻敦煌的巡防四营营长周炳南所书。

月牙泉水，是经过沙砾过滤的泉水，纯净清澈。环泉皆沙山，平时人迹少至，寂静空灵，在这里汲泉水冲茶，韵味绝妙。苏履吉来自盛产茶叶的福建，他熟悉茶文化，常来此会友品茶。我想这里不但能引起他的思乡之情，也会引出思古之情。

官厅直到中华人民共和国成立后还是游人观景休憩的最佳处，"文革"中被毁。

培养人才

民国年间成书的《重修敦煌县志》载，苏履吉"治宰五年，文风丕变。自咸、同至光绪，敦煌士子，明经拔萃，登贤书者，颇不乏人。时论方诸文翁治蜀、文公治潮，非过誉也"。

道光十九年（1839 年）中举的敦煌肃州坊（今雷家墩）人雷起瀛就是其中之一，雷后来考充爱新觉罗学官，在京城教授皇族子弟。五年期满后，依知县例归乡候铨，主讲鸣沙书院 20 年，"举人张克宽、雷起鸿、祁士麟、王化通，拔贡王珽皆出其门下"。

苏履吉在任时，又曾劝募重修敦煌魁星阁。敦煌魁星阁由乾隆间知县曾希孔创建，后来知县彭以懋又移建东郊。《重修魁星阁碑记》载："道光八年夏六月，渠水涨发，魁星阁地址坍塌。会邑侯苏刺史履吉，权篆安西，因公来敦，请绅士劝募重修，以工资弗继请，刺史慨然捐足，并趋早葳厥事。……如前三邑侯，其有功于敦煌之士子者，岂浅鲜哉。会重修魁星阁告竣，邑之绅士，请鼎列而

祝之，并胪列捐资姓氏，请记于余。余知邑之人士，从此而科第联
翩，文明蔚起，可操左券，非有他也。"

这是道光九年（1829）的事，苏履吉曾有诗注：

> 七年经四至，妇孺悉知名。
>
> 尸祝原非分，攀辕总是情。
>
> 余前后七年，凡四至敦煌。敦煌士民重建奎光阁，以余与
> 前任曾（希孔）、彭（以懋）二公同设禄位祀之。

可见士民对他的拥戴感激。

魁星阁直到 20 个世纪 60 年代还矗立在敦煌中学校园东南角。
底座用大砖砌成，高约三米，上有六角形木构楼阁两层，阁顶类亭
顶，高约七米。"文革"初被拆毁。

创修县志

清代是我国方志成书的顶峰时期，当时东南各省、府、州、县、
乡镇、盐井等无不有志。敦煌是汉代名郡，用现在的话说是"丝路
明珠"。自汉以来这里上演过不少波澜壮阔的史剧，出现过不少彪
炳史册的人物，但还无一本县志。苏履吉不是敦煌人，但他能以此
为己任，并完成首本《敦煌县志》，意义非常大。道光《敦煌县志》，
多汲取乾隆初《重修肃州新志》，现在看来，尽管道光《敦煌县志》
的内容还很不够，但已属十分可贵了。因为苏履吉编道光志的时候，
藏经洞还未发现，敦煌学还未兴起，敦煌还未被人们认识了解。由

于元明以后敦煌的衰落和汉唐文化的断传，清代以后的敦煌已经大大失色了，但敦煌历史发展的亮点还在继续。藏经洞的发现，敦煌学的兴起、莫高窟的保护研究，都是发生在近现代，所以，苏履吉编纂道光《敦煌县志》、培养文化人才，为重建敦煌文化打下了基础。它是敦煌学兴起之前，在敦煌的土壤中露出的一棵文化绿芽。它让世人开始关注敦煌。苏履吉振兴敦煌文化之举，功不可没。

曾参与编写道光《敦煌县志》的曾诚写道：苏履吉"下车以来，百废俱兴，学宫讲院，以次鼎新，尤兢兢以创修邑志为要务"。苏履吉在县志《自序》中说："履吉前调是邑，即拟创修县志。适值南路回疆不靖，军务旁午，转粟飞刍，未及修举。嗣又摄篆安西，瞬经三载。今春始回本任，他务未遑，延武威孝廉元鲁曾君来襄斯举。"可见苏履吉无论军务繁忙，还是辗转安西，始终想着要给敦煌撰写一部县志。他还说："履吉莅位敦煌前后已经七载，风土人情，知之最稔。兹已秩满，行将去此。是志弗修不第，无以对我士民抚衷，自问区区于簿书案牍之间，自为鞅掌，亦有愧于守土者之责也。若谓志乘之成可以继美前人，流传后世，不至于孤陋无文，则非履吉所能仿佛其万一。"一个封建时代的县令，能把做此事当作一种责任，觉得不做此事就是对不起人民的拥护和爱戴，这种精神，令人敬佩。

县志的创修官是苏履吉；纂辑曾诚；参订和采访，本地杨若桐、张宋元等共 24 人。此志共分七卷，用一年多时间成书，道光十一年（1831 年）刊印流传。

县志撰修成书后，苏履吉的上级，翰林院庶吉士、安肃兵备道

盖运长有序说："九斋此志，其于建置、沿革诸条考据详明……越四月，书成，捐廉俸以付之梓，其任事亦何勇也。吾知家弦户诵，见贤思齐，敦邑之士习、民风蒸蒸日上，有以仰副圣朝作人之化也。"进士、安西直隶州知州罗仲玉也有序说："则修敦煌志之功，大且多矣，威何极哉！"

令人感佩的是，县志稿竣后，苏履吉捐出了自己的养廉银作为雕版费用，使此志刊行于世。更令人十分庆幸的是，当年的378块县志雕版至今犹存（图60）。180多年，沧桑巨变，睹物思人，思绪倍添！

苏履吉有《创修〈敦煌县志〉》诗：

图60　道光辛卯版《敦煌县志》刻本及刻版（藏敦煌博物馆）

敦煌今昔不相侔，七十年来志未修。

疆域新分安哈界，人文旧向汉唐收。

两关要地推雄控，一邑名区纪胜游。

愧我风尘为俗吏，敢邀同学重搜求。

又次题敦煌志书原韵四首（录二）：

其一

汉世传名郡，于今列邑疆。

两关通玉塞，五载绾铜章。

行秩惭縻粟，离怀感折杨。

一书聊志胜，犹是古敦煌。

其二

轶事重编订，名贤信可传。

残碑标石洞，旧志附金泉。

迁到人分地，飞来马自天。

犹嗟今昔异，纪载笔非椽。

诗咏敦煌

敦煌是历史文化名城，古代吟咏敦煌的诗句，何啻千百。苏履吉长期做敦煌县令，稔熟敦煌风物人情，他吟咏敦煌的诗，可谓前无古人。首先，他的诗作勾画出了清代敦煌社会生活的诸多方

面；其次，他的诗艺术水平高；再次，他写敦煌的诗作数量大，约有 300 首。他的诗作，是敦煌文化的一笔财富。兹择其最要者附于后。

离别敦煌父老士民

古来为官者，患在不自知。新官初来日，旧官将去时。

谁兴来暮歌，谁泐去思碑。古人如可作，此语非我欺。

忆我来兹土，刚是一年期。我民无犯法，法在有等差。

我民有待泽，泽及无或遗。二者皆吾勉，未必无偏私？

嘉哉我士民，古风尚可追。士习略淳朴，民俗近恬熙？

舆情思所感，责在官所为。顾我一书生，十载莅边陲。

循声非敢忘，终岁累奔驰。春风度玉关，夏雨车相随。

秋霜及冬日，威爱宜并施。谁为一年中，不足言抚绥。

所愧亲民官，官与民相离。未闻为父母，不自爱其儿。

未闻为赤子，不以母是依。但愿吾父老，持此告庭帏。

人生重孝悌，百行为首推。从此施于政，家国无异宜。

士民听我语，治人先自治。耕读安本分，举动循规矩。

所戒在多事，好讼逞虚词。勿以身试法，私冀长官慈。

新官父母来，我去从此辞。匪徒为尔言，吾亦凛在兹。

全诗诚恳平易，其中"古来为官者，患在不自知""所愧亲民官，官与民相离""士民听我语，治人先自治"的思想和话语，至今读来，仍有意义。

敦煌八景

两关遗迹

西界阳关与玉门，于阗古道迹犹存。

曾看定远成功返，已遣匈奴绝塞奔。

此日歌传三叠曲，当年地纪万军屯。

一方雄控今何若？几度春风许等论。

千佛灵岩

南山一望晓烟收，石洞谽谺景色幽。

古佛庄严千变相，残碑剥蚀几经秋。

摩挲铜狄空追忆，阅历沧桑任去留。

玉塞原通天竺国，不须帆海觅瀛洲。

危峰东峙

矗立三峰碧汉间，相看积雪接天山。

朝暾初上高如掌，暮霭微凝翠若鬟。

是处排空还耸峙，几回凭眺欲跻攀。

停车道左频翘首，云自无心出岫间。

党水北流

党河分水到十渠，灌溉端资立夏初。

不使北流常注海，相期东作各成潴。

一泓新涨波痕浅，两岸平排树影疏。

最爱春来饶景色，寒冰解后网鲜鱼。

月泉晓澈

胜地灵泉彻晓清，渥洼犹是昔知名。

一湾如月弦初上，半壁澄波镜比明。

风卷飞沙终不到，渊含止水正相生。

竭来亭畔频游玩，吸得茶香自取烹。

沙岭晴鸣

沙州自古是名区，沙以鸣传信不诬。

雷送余音听袅袅，风生细响语喁喁。

如山积满高千尺，映日晴烘彻六隅。

巧夺天工赖人力，声来能使在斯须。

古城晚眺

雉堞迷离映夕阳，城西原是古敦煌。

榛苓已作今时慕，禾黍谁怀故国伤。

最羡三秋呈霁色，依然四郡镇岩疆。

闲来纵目荒郊外，一阵清风晚稻香。

绣壤春耕

周围绣壤簇如茵，翠色平铺处处新。

南陌风和青欲遍，西畴日暖绿初匀。

老农扶杖依田畔，稚子携锄立水滨。

但愿长官勤抚字，丰年屡报乐吾民。

　　敦煌八景诗始于苏履吉，其后敦煌人雷起瀛、雷起鸿各有一组，现各录一首于后，与大家共赏：

两关遗迹

雷起瀛

昔年常记万军屯，传说阳关与玉门。

此日敦煌寻旧迹，唐碑汉碣许同论。

两关遗迹

雷起鸿

见说阳关与玉关，平沙万里暮云屯。

唐人再出休歌曲，汉将生还许拜恩。

落日三秋空眺望，边峰几度叹亡存。

敦煌犹是当年地，编户殷繁漫等论。

道光丙戌（四年，1824年），苏履吉于敦煌署内筑藏拙山房，曾于窗间题诗八首。

敦煌署内藏拙居杂咏八首（选二）

（一）

我爱居藏拙，门通曲径幽。

公余时退步，多半此勾留。

（八）

我爱居藏拙，灯光映座隅。

独行如对影，自问愧曾无？

又有：

城上晓望即景（四首）

（一）

巍峨奎阁镇城东，更有三危一望中。

好看天边日初出，海门万丈早潮红。

（二）

城南十里尽沙山，中有天泉月一湾。

见说渥洼神马异，几回游兴未能删。

（三）

西云观在古城西，观稼亭前费品题。

要识杏花春雨里，白沙轻土好耕犁。

（四）

党河城北少余流，渠水中分十道收。

最爱春耕与秋获，黄云碧浪满平畴。

苏履吉咏月牙泉的诗作最多（《月泉晓彻》《沙岭晴鸣》见前），今再录几首：

同马参戎游鸣沙山月牙泉歌

敦煌城南山鸣沙，中有天泉古渥洼。

后人好古浑不识，但从形似名月牙。

或为语音偶相类，听随世俗讹传讹。

我稽志乘分两处，古碑何地重摩挲？

参戎马公偏好道，葺修古庙山之阿。

约日驱车同访胜，一泓清漪月钩斜。

堆沙四面风卷起，人来坐坠寂无哗。

忽闻沙里殷殷响，声似渔阳鼓掺挝。

人道神灵不可测，英物未许人搜罗。

汉武当年产天马，万里沙场战马多。

何如今日成陈迹，沙不扬尘水不波。

渥洼渥洼是与否？我还作我鸣沙山下月牙歌。

次王青厓《重游月牙泉纪胜四首》原韵（其四）

半亩灵池推第一，纤钩新月看初三。

并来此地泉为胜，重到吾侪酒正酣。

水有源头同活泼，图无太极自浑涵。

吟成欲作诗中画，留取他时好共探。

次王青压《沙州竹枝词》原韵八首（其五）

清泉一勺月为牙，四面堆沙映日斜。

为问渥洼何处是，龙媒除此别无家。

（邑南五里许有月牙泉，旧传即渥洼泉，四面沙堆，不能侵入水中，而志书仍分两处，无可考。）

六月十九日游月牙泉

七载边关客，年年快此游。

天高风扫暑，地僻径通幽。

酌酒邀同伴，看花豁远眸。

归来聊纪胜，明日是新秋。

清朝道光年间，月牙泉畔庙宇主要有三处：东面的菩萨殿、龙神祠为一庙院，西面的官厅为一院，另有在东孤立的药王殿一处。龙神祠建于乾隆五十四年（1789 年），是当时知县彭以懋为求雨而建。官厅是苏履吉于道光十年（1830 年）所建。药王殿是敦煌参军马进忠所建，苏诗中"参戎马公偏好道，茸修古庙山之阿"即指此。"中有大泉古渥洼""汉武当年产天马"是误认为汉武帝得天马的"渥洼池"是月牙泉。其实渥洼池是今敦煌阳关镇的黄水坝水库南边。

苏履吉还作有一首大风歌，十分具体形象地描写了敦煌沙尘暴的情况，也是一份十分珍贵的气象资料。

大　风

大风飙起沙飞扬，天上白日为昏黄。

城中沙尘入户牖，须臾几案堆如霜。

人面咫尺不可辨，视若鬼蜮渐茫茫。

始知人世有奇变，霎时明灭成沧桑。

三日两日不得息，风声瑟瑟人凄凉。

夜半月影忽东上，恍如白昼日重光。

不识大风归何处，天公还我云汉章。

呜呼！人心变幻不可测，因风吹火时谞张。

安及天公长鉴此，不使肆口声如簧。

　　苏县令在敦煌曾以诗扇赠一民妇，亦是一段佳话。"余刻《送淑芳归里》诗，时敦煌有赵木匠，能刻行书，颇不失真。其妇能作墨拓。近又刻《敦煌留别》诸诗，其拓本仍出妇手。乞余书素箑（音shà，团扇），题以赐之"：

句爱香山老妪知，翘由纤手搨新诗。

狂吟自为分离赋，文采偏参刻镂宜。

此日留痕看鸿爪，当年索解到娥眉。

怜他工作愚夫妇，也识歌章重唱随。

　　过了八年以后，苏县令又再赠此妇人诗扇。"迄今八载，其妇以旧箑缴还，复索新箑，并乞书前诗。适淑芳重来，再回前韵，并书以赐之"。《赠赵木匠妇》：

似我浮云万里随，玉关重至喜齐眉。

贤愚未必钟情异，贵贱端看守分宜。

夜雨酣吟新得句，秋风珍惜旧题诗。

莫言官与民相隔，君实犹教妇女知。

二、诗人之家

　　苏履吉自幼爱好吟咏，不论是青少年在学与执教村塾时期，或壮年任职边塞，公余间隙常与友朋、同僚酬和，击赏互砺，或自叙感怀，口占所历；或夫妻间调琴步韵，怡雅情浓。至 51 岁，已作诗 3000 余首，编为 8 卷，名《友竹山房诗草》。

　　《友竹山房诗草》7 卷，补遗 1 卷（图 61），道光辛卯（十一年、1831 年）初刻于敦煌县衙，道光癸巳（十三年、1833 年）仲

图 61　苏履吉《友竹山房诗草》书影

秋重镌于泥阳（今甘肃正宁县附近），同时增刊《友竹山房诗草续钞》7卷，又以自撰《九斋年谱诗四十首》为附末1卷。

爱好和勤奋，使他成为"在心为志，言发为诗"的知名诗人。他用诗，表述了他的人生经历和人生观，表述了他的情趣和胸怀。

以诗抒怀

苏履吉廷试那年，写过一首《家计》：

> 读书仍恋旧生涯，儒素才分自一家。
> 有酒不妨呼客醉，无钱何必向人赊。
> 妻还知俭亲烧菜，子亦安贸学种瓜。
> 最是文章难定价，古来多少字笼纱。

他于贵德（今青海东部）任上，又作一首《谒大宪极蒙奖誉志愧》：

> 古人作吏重爱民，今人作吏先患贫。
> 爱民患贫不两立，聚敛何如有盗臣。
> 官取诸民民取土，此中应识民艰苦。
> 半丝半粒悉脂膏，视此岂容为过取。
> 我闻国计关民生，民能一心成坚城！
> 矧是太平亲民吏，曷不慎守贻令名。

从诗中我们可以看到他不羡富贵、不谋高官的胸怀。一个东南沿海的人，历尽西北的严寒荒漠，能勤政为民，"关计民生"，确实是难能可贵的。 有人为他从未升迁不平，他却以"感恩何必受恩深，为有弦歌荷赏音""立学但求堪用世，读书何必定为官"作答。

以诗明理

苏履吉曾作《次七道沟旅店壁上无名氏诗原韵》一首：

> 七年奔走玉关西，到处飞鸿印雪泥。
> 似我性情虽喜咏，伤人言语莫漫题。
> 诗存忠厚饶相赏，事涉矜狂转自迷。
> 路柳依依随意绿，春来好听早莺啼。

刘谏堂扬廷别驾同年寄《赠友竹山房诗草》七言四绝四首，第一首为：曾读坡仙禁体诗，淡描未许著胭脂。羡君诗律存家法，白战何尝寸铁持。苏履吉仍次原韵奉答（其一）：

> 白描安歌自言诗，妆饰无须假粉脂。
> 悟得水中盐味在，羸他藻绘太矜持。

某年腊月，苏履吉奉大宪檄调赴肃商办盘查，作《次圪塔井步

壁上前题原韵》：

> 不道归期速，又看去路遥。
>
> 人情趋炭热，世态类冰消。
>
> 省事宜缓和，多才忌吝娇。
>
> 此心何新属，犹自忆前宵。

以诗写景

前文列举的《敦煌八景》诗，咏写月牙泉的诗，都是苏履吉的写景名作。还有步明代诗人张士宾原韵的《九仙山十二景》，其一为：

灵鹫奇花

> 一杂奇花带笑拈，何年移种此山岩？
>
> 至今犹见空中色，自是西来玉骨纤。

又有：

过武夷山

> 舟人遥指武夷山，山下泉流九曲湾。
>
> 境冠八闽谁与比，春当三月客登攀。
>
> 峰峦秀出诸天外，磴道高悬半石间。
>
> 玉女料应怜远去，归来好认旧时颜。

以诗尽孝

苏履吉的祖父、父亲都早逝，祖母、母亲相继孀居。祖父母婚后三年，祖父去世，遗娠3月。后来祖母抚孤，历尽艰辛。因此，他对祖母、母亲十分孝敬。在外时，常吟诗怀思，逢老人生辰，常赋诗遥祝：

家慈诞辰

（时年五十有五）

年登重五老慈亲，万里今朝忆诞辰。

蒲酒好斟南至日，薏花长护北堂春。

西关望隔怀儿远，东海筹添阅岁频。

莪水承欢娱彩舞，可知遥祝属行人。

喜祖母年跻九旬

乙丑之春，喜祖母年跻九旬，并怀内子淑芳望余归祝。

重帏今届九旬年，侍奉家居赖内贤。

孙妇又看为祖母，会元均喜列官联。

欢承万里慈晖永，庆溢三春彩袖鲜。

记忆齐眉望夫婿，相期归祝画堂前。

尤其对祖母范氏，他到甘肃的第二年就派人不远万里将77岁高龄的祖母接到甘肃，随任侍奉7年，然后护送南归。

伉俪诗情

苏履吉的发妻姓张，乳名滋，字淑芳，也能写诗，她和苏履吉的妹妹苏如兰被并称为"德化三姝"（另位是德化谢凤姝女士），张淑芳小苏履吉两岁，生于书香世家，禀赋聪颖，女红诗画皆晓，18 岁与苏履吉成亲，婚后感情笃深。德化文史资料中都称："张淑芳随夫甘肃徙任宦游 10 载，道光五年（1825 年）十二月，为三男与长女婚嫁事，在夫弟苏中斋的护送下，携长媳、三男启程南归。……遂蛰居双翰家中。"

但从苏履吉的诗作中，却可发现情况不是这样。苏履吉是到甘肃赴任第二年，也就是嘉庆二十二年（1817 年）接祖母到甘肃的，七年之后，也就是道光四年（1824 年）或五年（1825 年）送祖母南归。张淑芳去南方为儿女完婚很可能是和苏的祖母同行。办完婚事后，她并不是待在了老家，而是又到了甘肃敦煌。前面提到苏履吉在敦煌时曾给刻字木匠妇赠题诗团扇事，苏在序中有"适淑芳重来，再回前韵"句。另有两首诗都可知张淑芳又重来敦煌。其一：

五月十九日，甜水井次壁上旧题原韵

怀卿不尽别离诗，今日真教再见时。

最喜儿孙亦行远，但知兄弟莫言私。

何年薄宦云归岫，此夜深情月照帷。

唯有高堂增望想，天南万里倍依驰。

另一首，李正宇先生曾按："此次往甜水井，乃往迎其妻自闽来敦

也。五月十九日在甜水井相会，次日至署，二十一日设宴，为妻淑芳补祝五月九日寿辰。苏公有诗咏之。"见下：

二十一日，喜淑芳至署，补祝寿辰。仍用前祝家慈寿辰原韵。

夫妻重得会团圆，回忆初婚卅四年。

人道莫言新面老，花开终觉旧枝鲜。

一身多病怜衰瘦，百岁相偕喜淑贤。

此日玉关仍远至，还看再结半身缘。

而他的《九日同淑芳登此山并游金山寺》（二首选一）：

九日登高会，驱车上此山（白塔山）。

仰观近星斗，俯览遍城关。

碧汉云万里，黄河水一湾。

与君同远眺，缓步待跻迁。

李正宇先生按："苏公在敦九年，于道光十一年（1831年）卸敦煌任，十二年（1832年）正月离敦赴省城兰州，候迁。末句暗寓升迁之意。"这说明张淑芳不但又到了敦煌，而且和苏履吉同回南方。之后苏去了广东佛山水利厅任，张卒年无考。

张淑芳与苏履吉生有三男一女，皆好学有成。后次子夭折，长、三均出仕。苏履吉有子六人：长男昌龄，次男昌蕃，三男昌丁，四

男昌颐（妾王金华生），五男昌颐（妾勾素馨生），六男昌颂（岁余，患痘殇，侍女李馥玉生）。

由于封建传统礼教的束缚，张淑芳的诗，题材和内容都限于个人和家庭生活。据说她一生写诗不下千首，惜大多失散，仅少部分被辑于《友竹山房诗草》和《怜香杂咏》集中。下面摘录几首：

即事分韵三十首（选一）

停梭　　三肴

曾停机上玉梭抛，思绪纵横自解嘲。

侬惯织缣兼织素，丝丝入扣故相交。

和外送归里叠韵六首原韵（选二）

（写于甘肃将南归时）

（一）

君未能归妾忍归，幽怀好共话因依。

敢云儿女来时累，莫忘夫妻去日饥。

梦里思量还意合，行间言语与心违。

玉门关外寒威重，争奈春风到此稀。

（五）

来不偕行又自归，儿曹但向妾身依。

还思远宦相随愿，应忆中宵对泣饥。

欲别思怀重指誓，临歧密约更防违。

那知无限谈心处，话到离情语转稀。

诗人兄妹

被称为"德化三姝"之一的苏如兰，别号梦香，是苏履吉的妹妹。她聪慧好学，很有诗才，老师苏生斋先生谓："蕙质冰心。"可惜她未及出阁，20 岁英年早逝。她的诗作生前少为人知，她去世时其兄履吉正就学于福州鳌峰书院。后来有人向苏履吉索稿，他才"归检旧箱，尘蒙虫蚀，半已花残"，只集得遗诗 35 首，辑成《纫蕙山房诗草》。道光十五年（1835 年），苏履吉在兰州刊印。下面选录几首：

孟春花园即事

独坐觉无聊，花园闲骋步。

会开桃李芳，为拟新春赋。

望夜观月

人言三五月常圆，谁处深闺独稳眠？

错认晓妆光对镜，那堪夜坐冷侵毡！

多情本是晶莹极，静境真疑绰约偏；

宫里姮娥未相识，更阑仍自倚窗前。

双亲盼望早成名，催上鳌峰恨去程；

谬列雁行惭尔妹，渐舒骥足是吾兄。

风尘自昔多甘苦，云树于兹倍秀荣；

只恐归来难聚首，病中强起送文旌。

这些诗作，内容虽都是关于个人和家庭生活，但却感情真挚，充满才华。

苏履吉伉俪齐眉和鸣，兄妹互勉诗文，嫂姑酬答吟咏，不失为诗人之家。

民国年间的《德化县志》在苏履吉小传后写道："论曰：士当穷居草茅，坐诵书史，恒恨不见用，一行作吏，率碌碌无所表见，岂尽言易而行难，大都以官为家而不留心民瘼也，邑之学古入官者，敦古处尚廉，介自立朝迄外任风节，治绩翼翼隆隆，呜呼，可谓不负所学矣。"

像苏履吉这样读书入仕、为官为民、育才尚廉的人，并不多见。

常言说，县官是"七品芝麻官"。确实，县官只是个小官，少有左右大局、一言九鼎的威力和作用。但是，县官处在施政为民的前沿，从古到今，县官是最重要的官，也是最难干的官。县治则民安，民富则国强，县官的位置太重要了！清代知县苏履吉的行为让人感触良深。

杨灿和敦煌的故事

　　杨灿，字丙辰，江苏宜兴人，民国初年执教于沪上某中学，1916 年底来甘肃，任省立第一中学地理教员。1927 年至 1930 年任校长。经甘肃省参议长、陇右金石名家张维（字鸿汀）推荐，于1933 年至 1937 年任敦煌县长。抗战胜利前夕病卒于兰州。

　　他在敦煌四年，遂与敦煌有故事。

一、辑录考略金石文字

　　杨灿是县长，又是文化人，他利用职务之便，检点整理了当时他见到的敦煌历代金石遗物，撰成《敦煌金石文字存佚考略》，此篇敦煌不存，而存于北京图书馆。20 世纪 90 年代，敦煌研究院李正宇先生曾在"敦煌文史资料"中著文作了抄录和介绍。李先生说："此篇所载敦煌金石与相关记事，颇有世所未知者，为敦煌考古及乡土掌故难得的参考资料，值得保存介绍，故予表而出之。""原文首有小序，次附杨灿按语。正文分甲，关于金类者三条。乙，关

于石类者二十一条。诸条之末多附杨灿按语。"下面节录两条：

甲. 关于金类者

一、汉代铜印。此印系光绪三十四年（1908 年）龙勒山农民在古董滩中拾得者，一寸六分见方，厚五分余，阳文、篆书，文曰"寿昌县印"，龟纽，完好无损。后为安西电报局长李幼赓购去。

古董滩东西百四十里南湖地方之阳关村附近，为古代城市遗址，墙根痕迹隐约可辨，或言为大水所冲，或言为风沙所埋，已成为沙碛，每逢风吹雨洗之后，往往拾得零星古物，此古董滩之名所由来也。清宣统年间，商民马某赴南山太吉淖尔，拾得铜印一方，方二寸，篆文，不易辨识，背镌"明洪武二十九年指挥之印"十一字，亦为李临春以青蚨六百枚买去。灿附识。

乙. 关于石类者

十九、大造像塔。此塔现存西郊外岷州庙中，因破烂，今存半面，高二尺余，顶层刻佛像数尊；中层刻隶书经文一段，不知何经，亦无年代可考；下层又刻梵文一段。相传此塔于前清雍正年间，党河之水暴发以后，连同石狮子一对，托塔天王刻像一尊，并四尺高之石佛二尊，均得于党河中。查石狮子、石天王、石佛今尚完好，咸在岷州庙中云云。

岷州庙在党河西，距城五里许，狮、佛像石质粗糙，均未刻字，佛系立像，手合十，高四尺余；托塔天王像高一尺五寸，腰已折断，用胶粘连，雕工尚细。不知何代物。灿附识。

　　杨灿所记的岷州庙"大造像塔"，就是向达先生第二次来敦煌考古时发现的有名的北凉石塔。向先生说："1943年旅居敦煌，偶过党河，访沙州旧城，闲游近村，至岷州坊的一座庙里，因发现这一块残石。此外，地上还有被乡人打破的残石两块，中间凿一小窝，作为捣香末用的石臼。石面上残存夔龙纹和一些字，是六朝人隶书，笔势甚为飘逸。"1963年向达先生发表了《记敦煌出六朝婆罗谜字因缘经上幢残石》一文，对经幢残石作了简单介绍。杨灿所记在前，向达先生看见并研究在后，杨的记识，也有意义。经幢现藏敦煌研究院。石狮子一对、托塔天王石刻像一尊、四尺高之石佛二尊均已佚。

　　岷州庙是清代移民所建，庙里怎会有六朝遗物？笔者曾踏看过此庙遗址，它正当沙州故郡城西城墙遗址线上，而故郡城至清代尚存遗迹，可能是移民修庙时发现了周围的这些遗物，遂放于庙中。

　　杨灿所记的二十一条石类遗存中，有8个早已不存，这些佚失的石刻，大都是清代的，所以人们不太关注。现将佚失的石类列出：1. 修建北台关帝庙碑（清雍正二十年〔1742年〕所立）；2. 重修党河桥碑（清咸丰九年〔1859年〕立）；3. 修建鸣沙书院碑（清乾隆六年〔1741年〕立）；4. 重修鸣沙书院碑（清道光八年〔1828年〕立）；5. 李氏节孝碑（清咸丰十年〔1860年〕立）；6. 重修文昌宫魁星阁碑（清嘉庆十九年〔1814年〕立）；7. 大同造像石塔（杨按："此塔民国十八年〔1929年〕四月十八日在三危山观音堂废址中掘出，今尚完好。"李正宇按："据'大同'年号，可断为南朝梁武帝肖衍时造像塔。今此塔不知下落。"）；8. 黑石造像塔（杨按："不知何时所造。民国十九年〔1930年〕七月，省视学李俊彦与任子

宜同游月牙泉，得此塔于鸣沙山麓之白马塔中。今尚完好。"）

二、收售敦煌经卷

杨灿在敦煌任上时，收藏有敦煌遗书汉刘向《说苑·反质篇》。此卷全长 382 厘米，高 28.7 厘米，全 10 张，正文 180 行，加尾题 185 行，全卷加尾题共 3584 字，首缺尾全，现藏敦煌研究院，编号为"敦·328"，李永宁先生曾著文介绍："残卷自敦煌石室移出后，移存于敦煌县政府。""有敦煌县政府印""其后转入曾任国民党敦煌县县长杨丙辰之手"。

敦煌任子宜曾见过此卷，他在《关于敦煌的考古笔记》中曾写道："敦煌县长杨丙辰灿，江苏宜兴人，于民国廿四年七月间购得敦煌石窟写经一卷，经名《摩诃般若波罗蜜经》，经尾有跋语一段，兹照录如下……"

残卷为唐初写本，书法"圆柔秀丽，流畅洒脱"。"孤本留世，尤为可贵，当比宋、明抄刻之'高丽本'更近原著。对提正、订补宋、明本之失误殊有价值。"

1945 年，赵世暹先生在兰州曾见此卷。1954 年，赵先生再观此卷于南京，并过录全文，写有跋文："一九四五年四月，因张老汉介绍，参观杨丙辰（住兰州南府街安徽会馆，江苏人，解放前曾任敦煌县县长）藏唐（？）写残卷，乃嘱令诚据四部丛刊本录此十二则。经杨君协助校其不同处若干条……今春在夫子庙得此本，抽空录过俾便存览焉。赵世暹，一九四五年四月二十日，南京。"

其后，残卷又转兰州图书馆。

赵世暹，字效甫，江西南丰人。其祖父赵惟熙，翰林，清光绪二十六年（1900年）署甘肃布政使，1912年署甘肃都督兼民政长。赵世暹抗战时任职甘肃林牧水利公司，喜收集书稿，中华人民共和国成立后任南京水利学院教授。

邓明先生曾撰文写过此卷子流转中一个鲜为人知的故事。临洮张作谋曾收藏过此卷子。

张作谋（1901—1977），字献轩，号香冰，甘肃临洮辛甸人。1918—1921并在甘肃省立第一中学上学，后毕业于北京师范大学国文系。1927年入甘肃省立第一中学教书，1932年至1942年任校长。1942年被选为国民参政会参政员。1949年任武威专区行政督查专员。中华人民共和国成立之初被选为甘肃省人大代表，后来无正式工作。著有《新蕉细雨轩诗词集》。

张作谋和杨灿有师生关系，而且都曾执教于兰州一中，故常有过从。杨对所藏敦煌卷子本来"视若拱璧，不轻示人"，但"因事"需钱，就向酷爱书画收藏的张作谋转让此卷，张认为老师藏品，价位又太低，于心不忍，遂婉谢未受。后来转让成功，但觉于心不安，故作诗抒情：

鬻敦煌经卷有感并序

东汉刘向《说苑·反质篇》，敦煌经卷中惟一之子部卷帙也，完整无缺，尤为难得。吾师杨丙辰权知敦煌县事时得之，视若拱璧，不轻示人。旋因事持来贻余，余以其

廉，谢而弗受，竟归余，终又归初之地，心中殊觉怏怏，
于其去，题诗四绝以志感。

下面，选第一和第四两首，供大家赏读。

四载瓜州懔四知，压装经卷慨相贻。
因廉谢却偏归我，愧负初衷又负师。

金题玉躞附名山，祈福禳灾各等闲。
终是赠遗能解困，愿将完璧返娜娘。

1947 年，张作谋持此卷子去南京，请西北老乡、检察院院长
于右任鉴赏，当时一起观赏的还有监察委员、天水王新令。卷末存
于右任题识："民国三十六年，子右任、王新令同观于南京。"当
时某"南京权要"见而羡之，许以重金相让，张"婉言而谢却"。
中华人民共和国成立后，张将此卷出售，终藏敦煌研究院。

三、扶助农民，兴办教育

据前辈老人宋荣、张仲记载，杨灿在敦煌任上做了几件好事：
扶助农民，免赋济贫。他曾多次召集乡绅富户，捐粮赈饥，给
农户贷籽种，在城区火神庙设"施饭场"，还组织检查了农户地亩
与负担不平衡的积弊，销了部分田赋。

　　文化教育，多有建树。1935 年秋，杨灿将原参将衙门旧址改建为"敦煌县民众教育馆"，内有会议大厅一座，用来开会、演节目。还有图书陈列室等。这是敦煌近现代第一座群众文化活动场所。此厅直到中华人民共和国成立之初还是开会展览的场所。他又多方筹款，从兰州购来一批图书，含杂志、儿童读物、科普挂图等，供民众阅读。他还主持扩建了东街小学、女子小学，帮学校购买桌凳和体育用品，又创办了女师讲习所，使敦煌教育大为振兴。1937 年他离任时，地方各界以"遗爱甘棠"匾额相赠。

读向达先生敦煌考古通信

图 62　向达先生

　　著名敦煌学家、北京大学教授向达先生（图62）20世纪40年代曾两次到敦煌考察研究，在十分艰苦的条件下，取得了丰硕的成果。"由于战乱以及其他因素的影响，向达的考察成果未能得到及时、完整的刊布，有些现在已经佚失"（荣新江：《惊沙撼大漠——向达的敦煌考察及其学术意义》，收录于《向达学记》，三联书店，2010年）。但他第一次在敦煌考察时写给曾昭燏的29封信（图63），却详细地记述了考察过程。今天读这些信，不但让我们了解向先生当年的工作、情怀，还能了解当年敦煌的社会情况，十分亲切感人！

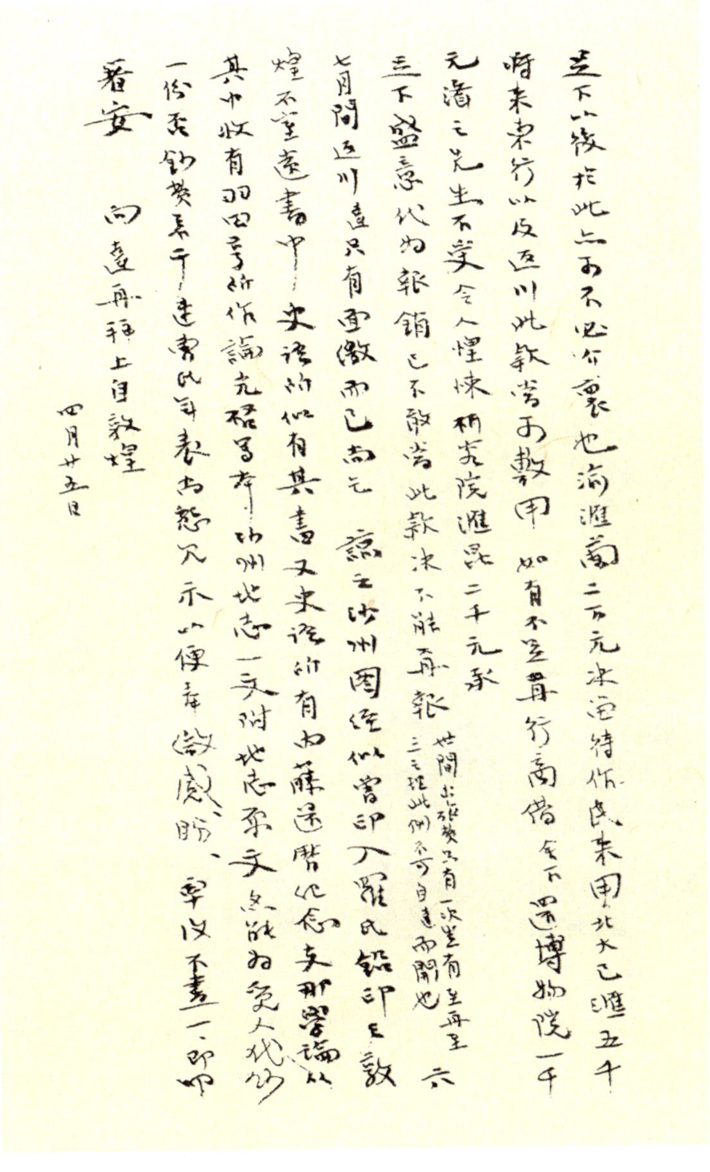

图 63　向达先生致曾昭燏书信手稿

1942 年春组成的"西北科学考察团"，北京大学教授向达任历史组主任，中央研究院历史语言研究所劳榦和石璋如为成员。由于向先生因安排家口等事耽误，到敦煌时劳榦、石璋如已离开敦煌。劳、石二人 6 月 15 日抵敦煌，9 月 22 日结束考察离开，他们走时也带走了经费，所以，向先生在敦煌是孤身奋斗，困难重重。

向达先生从 1942 年 10 月 9 日到敦煌，到 1943 年 7 月 26 日回重庆，在敦煌共待了 9 个月。在此期间，他给友人曾昭燏写过 29 封信，几乎是三天一封。这些信从 1942 年 9 月从四川启程至 1943 年 5 月 16 日考察完榆林窟，基本包括了整个考察过程。这批珍贵书信，是在曾昭燏去世后 15 年（1979 年）被发现的。1980 年南京师范大学用"内部刊物"的形式刊布，因而，除了学术界，一般读者看到的不多。信中不但详细介绍了沿途见闻和考察经过，而且抒发了对敦煌文物被盗和破坏的悲愤心情。

曾昭燏是我国杰出的女考古学家、博物馆学家、古文字学家。她是晚清"同治中兴名臣"曾国藩家族后裔（曾国藩二弟曾国潢的长曾孙女），毕业于前中央大学中文系，1935 年赴英攻读考古学，1938 年回国。中华人民共和国成立后曾任中科院考古研究所学术委员、南京博物院院长、第三届全国人大代表。1942—1943 年间向达先生和她通信时，她在四川南溪李庄前中央研究院任筹备处总干事。

曾昭燏在欧洲留学时，夏鼐、向达、吕叔湘也在欧洲留学，当时他们多有交往。曾昭燏终身未婚，1964 年 12 月 22 日去世，时年 55 岁。而向达先生于 1966 年 11 月 20 日病逝，时年 66 岁。英

才早逝，给我们留下了无尽的痛惜和遗憾！

向先生的信中留下了许多珍贵资料，我无能力探讨学术方面的问题，仅侧重于当年先生在敦煌期间的活动及相关人和事的介绍叙写。

一、对莫高窟的描写和感受

到敦煌时，向先生写道："又七里敦煌，林木茂密，水泉甘美，产棉及瓜果。甜瓜之佳，不让哈密。下午二时抵敦煌城，进餐后即偕同行诸君骑马赴千佛洞。泉声淙淙、白杨夹道交荫，恍若行韬光、云栖道中。即宿中寺（今名雷音禅林）。中庭大树合抱，宿处房屋新建，甚为清洁。沙漠中有此，真疑身在武陵源矣！数年来梦寐怀想之处，一旦亲履其地，反觉心中有空洞茫漠之感。"

亲览洞窟后，先生的感受是："六朝诸窟朴素庄严，李唐诸窟雍容华丽。唐窟诸供养女像最佳，面容丰满、仪态万方，几欲拜倒，真可称为国宝！唯风水剥蚀，流沙壅塞，洞窟掩没者，与年俱增，保护之举，正不宜缓耳。"

看过西千佛洞后，先生写道："尚存十五窟，可以攀跻者九窟。壁画十九完好，纯是北朝遗物。佛像古拙可爱，供养人男俱胡服，女披肩巾，人多异态，婀娜生姿，其飞去之势，不下于莫高窟诸唐画供养人像。一窟中供养人发愿文尚有比丘昙藏、比丘尼惠密诸名可识。字是北朝气味，甚佳。"

先生到敦煌的当天下午就去了莫高窟，急切之情，扑面而来，

八天后的 10 月 17 日，就去南湖、阳关，顺路又看了西千佛洞，两次考察阳关、玉门关，后来又于 1944 年带领 "西北科学考察团" 考古组（成员为夏鼐、阎文儒）再次到敦煌考察。先生的行动，让我们看到了他酷爱敦煌文化瑰宝的痴心。先生迷恋莫高窟的情感，浸透洋溢在信的字里行间。今天再读 70 年前的这些信，还能给人以深深的感染和震动。

1942 年 10 月 5 日的信中，先生写道："深觉千佛洞最急迫之事，为收归国有，正式在此设立管理机关，此实为刻不容缓之举。……（张氏）竟视千佛洞若私产，任意破坏，至于此极？此而可忍孰不可忍！因之以三日之力，写成《论敦煌千佛洞之管理研究以及其他连带的几个问题》一文。"这次不仅是质问、愤慨，而且发出了呼吁。在敦煌期间，他还对莫高窟、榆林窟部分洞窟作了考古记录。

现在，学术界早已公认，向达先生对敦煌文物研究所的成立、敦煌文物的保护是有贡献的，而且先生是从石窟调查、遗书考释、考古发掘诸方面综合研究敦煌的第一人，掀开了我国科学考古研究中以莫高窟为代表的石窟研究首页。

二、在敦煌期间的生活情况

先生到敦煌时已近天冷，又在敦煌过了整个冬天。他在 1942 年 12 月 4 日的信中说："唯在兰（州）时以携款不够，向科学教育馆借一出差用老羊皮大氅，太薄又破旧不堪，不足以御严冬……头上曾购鞑子帽一顶，上缀貂尾，迎风飘荡，颇为有致。入城时戴

此，敦煌城风头，几为区区个人出尽。"

"唯燃料困难，生火大成问题。写信等等，俱于后院太阳光下为之，极是暖热。今日为足下写信，晚间于室内为之，笔墨俱冻，遂成满纸蚯蚓，真见笑方家矣。"

抄录卷子后，向先生曾在题记中写道："十二月下旬以来，此间常在摄氏零下七八度，笔墨俱冻，几不能书。室内燃木柴，则烟雾迷漫，写此时往往泪随笔下，概不顾之。""自来敦煌，寓居山寺，候将三月，鸣沙似雷，边月如雪，岁末大寒，弥增凄楚。今竟获此，以送残年，既慰边关羁旅之思，复有贫子暴富之乐，故记之尔云。"

当年莫高窟交通不便，没有照明和取暖设备，没有蔬菜，喝的是又苦又涩的咸水，但先生却"神游艺苑，心与古会，边塞行役之苦，尘世扰攘之劳，不复关情，平生之乐无逾于此也"。一个献身忘我、不畏艰辛的学者形象至今还矗立在我们面前。

三、凛然指责剥损壁画

向达先生到敦煌时，张大千先生早已到千佛洞。向先生从敦煌寄出的第一封信写道："张大千亦已会到，此君住千佛洞年余，雇十余人为之描画，于壁画年代推究，不无可取之处，并发见唐人书壁莫高窟题记，及上元二年画工题记，皆可贵也。"在《记第二次敦煌归来》中，向先生也写道："他们（张大千）忘记了岁月，忘记了寒暑，饭蔬食饮水，只是孜孜不倦地工作工作。在华氏零下二十几度的夜里，还有人掌着蜡烛，在洞里欣赏壁画，摩挲题记。"

可见他对张大千还是有肯定赞许的方面。但是，对张大千剥损壁画之举，向达先生凛然反对，1942 年 11 月 5 日信中写道："临画本是佳事，无可非议，而此辈对于壁画，任意勾勒，以便描摹，梯桌画架，即搁壁上，是否损及壁画，毫不顾惜。并即以洞窟作为家人卧室，镇日上锁，观者裹足。而最令人愤恨者，为任意剥离壁画一举。""张氏酷嗜北魏隋唐，遂大刀阔斧，将上层砍去。而后人重修时，十九将原画划破，以使泥灰易于粘着。故上层砍去后，所得仍不过残山剩水，有时并此残山剩水亦无之者。"

在 1943 年 1 月 22 日的信中，向先生还寄上了《敦煌千佛洞各窟剥离剟损略表》，并说："夫千佛洞乃先民精神所聚，为中国艺术上之瑰宝，是国家所有，非地方个人所得而私。"对于此事的是非，荣新江先生所说极妥："作为学者的向达和作为画家的张大千，在考察敦煌壁画时，在保护问题上有着截然不同的两种态度。张大千的行为虽然看上去很有道理，但却是违背了基本的保护文物法则和学术道德，不能兼容于学者。"

四、发现六朝经幢

1943 年 2 月 10 日的信中，向先生写道："阴正在城过年，前昨两日，于城西南五里之岷州坊一庙中，得见六朝经幢一，残余两段，所镌佛像供养人及文字，俱及精妙。昨日往拓得四五份，今检一份，敬呈清玩。初学捶拓，见笑方家，羞煞人，羞煞人。其中外国字大约是佉卢字，在中原版中尚不多见，拟寄一份至印度，请国

君达夫找人翻译。"婆罗谜经幢残存婆罗谜字11行，汉文两段。这是一块5世纪中叶（北魏太平真君前后）之物，由于向先生的发现和研究，使这件珍贵文件得以研究保存。此幢现藏敦煌研究院。金克木先生曾说："这一次使我对向达先生治学谨严、注重实物和文献印证，不尚空谈，深为佩服。"此外，先生还看到了北凉石塔的拓本，并撰文作了简介，又在敦煌人荣甫处看到六字真言碣拓本，并在其上题记："荣甫先生出此新拓墨本，尾题目为漫识数语还之。六月十一日湘西向达谨记于沙州故城。"

五、辑成《敦煌余录》

向先生在敦煌期间，多方搜集散落于民间的敦煌遗书。在1943年2月10日的信中，先生写道："任子宜所藏坛经一册，共有五种：一为《菩提达摩南宗定是非论》，首略缺；一为《南阳和上顿教解脱禅门直了性坛语》；一为《南宗定邪五更转》；一为《法海杂记六祖坛经》；一为释净觉注《多心经》。俱首尾完具，皆禅宗重要资料。"

先生还抄录了任子宜藏《文选》写本，以及遗书中的残卷《占云气书》（图64），从窦萃五、吕少卿处录及《寿昌县地境》，

图64　向达先生抄录敦煌遗书
《占云气书》（局部）

从张大千处借抄敦煌人邓秀峰藏的《逆刺占》等卷子。

任子宜是敦煌人，1949 年以后曾任县教育科副科长，20 世纪 50 年代末病故。由于经过了"文革"，任的收藏只有部分还在。向达先生信中所记，很有参考价值。还有，敦煌县政府有关敦煌遗书的档案，向达先生记有 26 通，但现在的甘肃省档案馆、酒泉档案馆、敦煌档案馆均无所存，向先生所记弥足珍贵。

先生抄录卷子极为认真，有误不改、有图则绘，不同颜色的文字和图画也用不同颜色描绘抄写。后来他曾把所抄录的敦煌遗书辑成《敦煌余录》一书（图 65），稿本分为两册，直到 2010 年，此书才由中华书局出版。

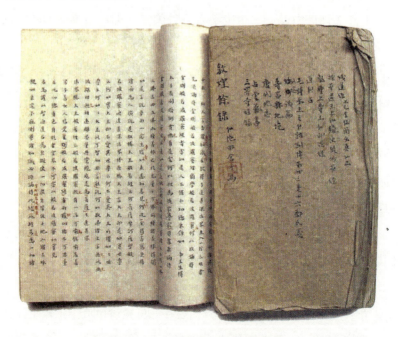

图 65　向达先生《敦煌余录》手稿

六、志向意趣

向达先生的这些信中，不时透出他的志向意趣。1943 年 3 月 5 日信中，他谈到了来西北考察的思想动机："是以去春考察团组织就绪，一电见召，欣然就道，万里孤征，曾不返顾。""盖亦知一新事业之开创，自须有一二笨汉，负辟山通道之责，而后，后来者始有坦途可循也。"

2 月 28 日信中说："故生平与'长'字避之唯恐不及，此次荣任历史组组长，为生平第一次，亦即最末一次。"

1 月 2 日信中说："达生平有一种脾气，无论做事做学问，从不喜趁热闹。"

3 月 20 日信中说："生平于应事接物，往往出以直到，不解婉转。在昆明时，即因此不能取悦于人，至蒙脾气太坏之称。"

我们由此可以看到他的志向意趣。季羡林先生曾说："无论是学术方面，或者是道德方面，向先生都是第一流的。"郑天挺先生称赞向达："为人憨直、是非分明、毫不宽假。而对人一善，又称道不去口。"

每读向达先生《论敦煌千佛洞之管理研究以及其他连带的几个问题》中的一段话，先生的情怀都会给我以深深的感染：

最近在行戈壁的时候，曾经在一座残破的墩子上瞭望。已经傍晚了，太阳在西边的地平线上还有簸箕那样大，血红而带

黄的光芒四面放射，周围的云彩都映成了橙黄色。一个人在墩子上向着西面和北面遥远的天际看着看着，就坠入冥想中去了。俨然在汉唐当年，墩子下面那些土堆子，似乎都是一座一座的房子，也许是人家，也许是戍边将士的营房，房顶上正是炊烟四起。放在外边的马群和羊群都逐渐回来，鸡鸣犬吠以及小儿喧笑的声音，嚷成一片。那座墩子是桿橹完好，雉堞无恙，几个烽子正在上面聚精会神的望着西边、北边，希望有平安的信息到来。一天一天的过去，一年一年的过去，这些人从少年转到中年、老年，也许就死在那里，埋在附近。但是他们从来不颓丧，也不坠入幻想。只凭着他们的结实的身体，坚强的意志，和不屈不挠的精神，同敌人和自然作生存的斗争。敌人和自然败了，他们胜了，他们的西陲也固若金汤了。两千年、一千年的历史，像电光石火般一转眼过去了，这些人固然长埋地下，烽燧城堡也放弃了，荒废了。我也仍然清醒白醒的立在废墩上面，西边的太阳还有一半在地平线上。但是这些废毁的烽墩城堡，照旧很英勇的迎着落日，放出黄色的光辉，西北风呼呼的怒吼，而他们依然静默无言，屹立不动。这就是我们民族的精神，我那时抵不住落泪了。

七、友情可范

向达先生和曾昭燏先生的友情从这些信中也可以看到：

1943 年 3 月 20 日信中，向达先生写道："达与足下相知八年，

居心无它，天日可誓。"

4月25日信："舍下在李，承蒙关注，儿辈复劳督教，真所谓古道照人，求之今日朋友，岂可复得。此情只有永铭五内。对于舍下及儿辈，唯恐足下训诲不谦，督教之不严。古人易子而教，即是此意。" 可知曾先生不但关心远在敦煌的向达，而且还关照其家小。

向、曾二人，都是受过中国的高等教育、又受过西方教育的人，但却极度热爱祖国、热爱中华传统文化，他们交情深厚纯美，言辞不忘礼数，以事业为重的交往，不但是知识分子间交往的典范，也是所有人的榜样。

王子云的敦煌考察

一

1991 年 4 月 23 日，敦煌研究院院长段文杰先生去西安，陕西省博物馆资深研究员何正璜女士，将一幅绘制的莫高窟全图交给了他。

此前，段院长曾写信问何正璜有什么条件，何回答说："这图不是什么东西可以交换的！"

这图，是 50 年前她丈夫王子云（图 66）在莫高窟精心绘制的。

2000 年，敦煌藏经洞发现 100 周年，王倩女士给敦煌研究院捐赠了 200 多幅珍贵的照片资料（其中壁画 150 余幅，雕塑 60 余幅）。这些照片，是 60 年前她父亲王子云等在莫高窟拍摄的。

对于 1940 年"教育部西北艺术文物考察团"的活动及成果，现在是这样评价：

"历时近五年，行程逾十万里，在极其艰苦的环境下，进行了一系列科学严谨的考察、研究工作，并相应实施了力所能及的保

图 66　王子云先生

护措施，获得了丰硕的成果。""这是一次中国政府独立组织的时间最早、规模最大、影响最为深远的专题考察活动。""他们作为中国艺术文物学界鼻祖及其先声，在向国际学术界昂然昭示中国艺术文物界实力、毅力以及调查研究水准的同时，也促进了中国艺术文物界日渐理性化、规范化的保护与研究工作，其中 1944 年 2 月 1 日成立的国立敦煌艺术研究所可称这一冲击波中呱呱落地的新生婴儿。"（林家平等：《中国敦煌学史》，北京语言学院出版社，1992 年）

　　1943 年 1 月，考察团在重庆中央图书馆举办"敦煌艺术文物展览会"，当时"至早至晚拥挤异常"，周钟岳、郭沫若、高一涵及美国副总统威尔斯基·华莱士等都亲临参观，给予高度评价。高一涵曾写诗称赞："冰雪严寒起冻皴，一经渲染便成春。关山万里

生颜色，始信营秋笔有神。"

二

"教育部西北艺术文物考察团"共12人，王子云任团长，于1940年6月先到成都整训一月后，到西安。考察团分模制、拓印、摹绘、测绘、摄影和文字记录六个作业组。参加敦煌壁画临摹的考察团成员共4人：国立艺专西画系的卢善群、图案系的雷震、绘画系的邹道龙，再加王子云。他们在敦煌的活动大致分为两个阶段：第一阶段从1941年10月起，参加者是王子云、雷震、邹道龙（图67）；第二阶段从1942年8月至1943年5月，参加者为王子云、

图67　1941年秋，王子云乘骡车赴敦煌考察途中

卢善群。

张大千私人组织的临摹小组于 1941 年 5 月底先于考察团到达敦煌莫高窟，几乎伴随了考察团的全过程。1942 年，中央研究院"西北史地考察团"的劳榦、石璋如以及后到的向达、吴印禅等先后与考察团同在莫高窟。当时，莫高窟真可谓"群贤毕至"，热闹异常。

考察团在敦煌的成果有：

1. 写成一篇《敦煌莫高窟现存佛窟概况之调查》，约 4 万字，刊登在 1943 年重庆出版的《说文月刊》上。此文是王子云先生的夫人何正璜执笔，她曾在日本学美术，文笔极佳。

2. 绘制长卷莫高窟全景图，该卷长 5.5 米，宽 0.23 米，保存了早期莫高窟实况，极具学术价值。这是王子云用 1 月时间绘制而成的。

3. 拍摄了照片 120 多幅。《教育部艺术文物考察团西北摄影集选》共 10 辑，第 7、8 辑为敦煌照片 83 幅，第 1 辑中还有鸣沙山月牙泉全景照。

4. 北朝大型壁画摹本 8 幅（其中有 6 米长卷《五百强盗得眼图》、8 米长卷《伎乐飞舞图》和 3 幅《萨埵王子饲虎图》连环画）。

5. 北朝佛故事和单身像摹本 20 幅。

6. 隋代佛故事和供养人画像摹本 14 幅。

7. 唐代大型经变图摹本 12 幅。

8. 唐代单身菩萨像摹本 8 幅。

9. 魏唐各代佛洞藻井图案摹本 30 幅。

10. 五代供养人像和出行图摹本 6 幅。

11. 宋代五台山壁画摹本 1 幅。

12. 元代佛教故事人物摹本 30 余幅（其中有 10 余幅是王子云亲自绘制的）。

13. 致函国民政府教育部，建议设立敦煌研究所。

从 1941 年 4 月开始，考察团先后在兰州、西安、重庆、南京举办过 5 次大型展览及数次联展、个展。西安有万人参观，重庆有 3 万人参观。

王子云一行采用的是如实再现壁画现存陈旧色彩和残破原貌的方法临摹，张大千小组则是用透明纸在原壁上印描，然后恢复原状极尽艳丽的临摹方法。两者不但在审美观上有差异，而且对壁画的保护也有差异。戴叶尹称赞王子云一行的方法说："这种临摹的升华、发展，以及移植到绘画创作中，都是西北艺术文物考察团的成功之处，对后人也有借鉴。"

段文杰先生在《临摹是一门学问》中写道："（1946 年）中秋之后，我们作为第二批美术工作者，总结前人的经验，开拓前进，首先为了壁画保护，开始禁止在壁画上印稿，一律用写生法临摹，废除了张大千以来的破坏性印稿法。这规定是正确的。从此，我们开始对壁写生。"

三

有人曾这样记述王子云先生 20 世纪六七十年代在西安城墙下的住家："何正璜、王子云的家庭居住环境是这样的：全部面积不

过 30 平米，一间居室 10 平米左右，朝南小窗下放着一张小写字台，侧边放一钢丝床，是王子云的卧榻；脚头又放一大双人床，是何正璜及小外孙女的床，其他地方仅容一小方桌供全家人吃饭。"王子云就是在这样的居室中坚持着研究、写作。

1979 年后，王子云当选为陕西省美协名誉主席、副主席；1985 年，获全国美协顾问的名誉和职务。王子云 80 岁还外出在全国各地考察，90 岁还笔耕不辍。他一生颠簸、半生潦倒，饱受屈辱却不屈不挠，用生命捍卫着祖国的艺术瑰宝。

他的著作《中国雕塑艺术史》，1988 年由人民美术出版社出版。40 余万字，700 多幅图片，填补了中国艺术研究中的空白，荣获 1988 年全国优秀图书奖。《从长安到雅典——中外美术考古游记》在他去世后由陕西美术出版社出版，收图 600 幅，文字 60 余万。

在纪念王子云先生的大会上，西安美院雕塑系主任陈云冈曾追述道："所以，先生获得的景仰是当代学者中少有的。无论是他的学生，还是他的学生的学生，交口称赞的首先是先生的人格的磊落和伟大！先生一生著述，治学严谨而造诣精深，而最淡泊名利、最疾恶如仇、最不与恶势力妥协、也最不被恶运所击倒。他始终以静肃之心冷看世态炎凉。正是这种伟岸的胸怀，才是使先生终不为得失所累而能以超人的毅力醉心于学问的根本。只要与先生有一次的接触，我们就明白了怎样的人才配称为学者，这不仅是在学问，重要的是德行！"

1987 年，王子云先生 90 岁寿辰，他的学生刘开渠、吴冠中、李可染、艾青、王朝闻都送了贺词和作品，同辈的吴作人、李苦禅

和老师辈的林风眠、刘海粟也送了作品祝贺。

　　王子云先生是我国现代美术运动的先驱之一，是著名画家、雕塑家、美术教育家和美术史论家。他一生最大的贡献是在 1940 年倡议、组织、主持、实施了长达四年之久的中国西北艺术文物考察团的活动。

史苇湘情满敦煌

史苇湘先生是中华人民共和国成立前到敦煌莫高窟并在此工作了一生的老一辈敦煌学家。他在敦煌壁画临摹，敦煌佛教历史、敦煌佛教艺术理论研究方面贡献突出，在许多重大问题上取得了突破性的成果和突出成就，为后世学人立了典范。

史先生是四川绵阳人，生于 1924 年，1948 年从四川省立艺术专科学校毕业后，于同年 8 月自愿到敦煌艺术研究所工作。夫人欧阳琳也是四川人，和他是同学，也是中华人民共和国成立前就到敦煌艺术研究所工作的前辈。史先生 1985 年加入中国共产党，2000 年 1 月 16 日在兰州病逝，终年 76 岁。他一生坎坷，经受过巨大的精神压力，却对敦煌莫高窟一往情深，对敦煌研究至死不渝。

一、情满敦煌，痴爱莫高窟

学术论文的表述，绝大多数都是严肃、冷静，简洁、准确。而史先生的大部分学术文章，却充满了激情。在《敦煌历史与莫高窟艺术研究》的序言中，一开始，爱的激情就扑面而来：

敦煌让人们心里充满了既遥远、又亲切的历史感情，我们不能不怀念古代中华民族的先哲们为世界文化史做出的辉照千古的贡献。敦煌莫高窟留下的 492 个洞窟及其宏大的艺术品，对今天在进行现代化建设的 12 亿中国各族人民来说，不论其信仰佛教与否，都承认它是伟大祖国的文化遗产和世界性的艺术宝库，而且把它看成建设现代化中国的先进文化可以借鉴的资料宝库。

像这样喷着火焰的段落和句子，在史先生的文章中俯拾皆是，我们再看几段：

敦煌是古代丝绸之路上的重镇，由于它扼据玉门、阳关两座关隘，西通葱岭，东接走廊，地势险要，成为古代中西交通的重要吐纳口。对当时的旅行者来说，"西出阳关"就意味着悽怆的离别，"生还玉门"就象征着幸福的重归。自从公元前 111 年汉代敦煌郡建立以来，它犹如一座历史的丰碑，象征着中国各民族发展、融合的古老的过去，也标志着中国人民和西方各国人民不断交流的源远流长的悠久历史。

敦煌莫高窟初唐艺术为什么这样动人心弦，关键就在于历史通过宗教艺术留下了这一曲有血有肉的歌。它是背井离乡的歌，是怀念征人的歌，是短兵相接、生死相搏的歌，是幻想与

希望的歌，也是盼望改变今世苦难的歌……

难道可以设想在创作《萨埵那舍身饲虎》时，能够毫无感情、绝不动心，像画统计图表那样理智地来描绘这个悲壮的事件？

这种字里行间洋溢着激情的文字，没有胸中蓄积的深爱，是写不出来的。更重要的是这些抒情诗般的论述，并没有影响和损害文字的高度和深度，相反，它更深地吸引了读者，加深了读者对论题认识的深度和广度。史先生在世时我没有近距离接触过他，心中的概念是他是一个矮个子先生，因为成年在莫高窟资料室坐冷板凳，肯定是个严肃古板的学者。几十年后，读他的文字，总被他感情太多的文字感染，心生无限的崇敬和爱戴。先生的夫人欧阳琳先生今年已九旬高龄，她退休以后也一直在敦煌学的领域奋斗不息，前几年出版了《敦煌壁画解读》《敦煌舞乐》画册等著作。史先生的两个女儿分别名叫史敦宇、欧阳煌宇。这名字据说是常书鸿先生起的，有"敦煌"二字，也说明史先生对敦煌的感情已注入血液，深入骨髓。60余岁的史敦宇，早就辞去了中学教师工作，至今一直在搞敦煌壁画的临摹，有《敦煌舞乐线描集》《敦煌壁画复原精选》的出版。先生的外孙金洵瑨如今也在北京搞敦煌题材的美术工作。他们一家三代都钟情于敦煌艺术的事，早已传为佳话。

二、熟悉洞窟、熟悉遗书、熟悉敦煌历史

在敦煌学领域，只要是熟悉莫高窟洞窟中的壁画和彩塑，并有研究见解者，或是了解、熟悉敦煌遗书，由此解决社会历史问题，或能了解、熟悉敦煌历史，提出新观点者，都可称为敦煌学家。但三方面都熟悉并且都有研究成果者，却少见。史苇湘先生就是一个熟悉洞窟、熟悉遗书、熟悉敦煌历史并在这些方面都有研究成果的学者。正如他自己所说："几十年来，我们入窟面壁临摹，出窟埋头经史。"卓越的成果，就来自长期的积累和这些扎实的功底。

先生几十年来，共临摹敦煌壁画近 300 幅，约 120 平方米，涵盖了洞窟壁画各个方面的内容。段文杰先生一生临摹敦煌壁画近 380 幅，约 150 平立米。无论是从数量还是质量讲，他俩是敦煌研究院学者中临摹壁画的佼佼者。史先生的夫人欧阳琳和女儿史敦宇近年出的《敦煌舞乐》和《敦煌壁画复原精选》两本书，都是以他的遗稿为基础的作品。

长期的实践和积累，使他提出了许多熠熠闪光的见解和看法：

临摹工作是艺术领域里一项细致而严谨的认识过程，线描则起着骨骼的作用，是对壁画造型的解读，考证与训诂的工作，它和鸿篇巨制的考据文章有着同等的价值。

临摹是认识敦煌艺术的重要方法，而不是简单的"照猫画

虎"和不用思考的复制工作，也不是过去所提倡的"最高标准"：敦煌壁画要作到"考古家满意，美术家点头"。莫高窟的临摹是一门专门的学问，它有自己的研究目的，研究方向，研究成果，它有一套自己专有的工作方法，而且已经形成了体系。

吐蕃时代壁画塑像的精致细腻，是盛唐艺术的发展。笔墨精湛，线描造型的准确、生动，都应是唐代艺术向深度探索所显示的成就。若说盛唐壁画是以色彩富丽、气势磅礴取胜，吐蕃时代的壁画则以结构严谨、刻画细微为优。

以上是对临摹的见解。先生对敦煌彩塑是这样看的：

敦煌彩塑是东方艺术的瑰宝，它有鲜明的个性和独特的审美情趣，是千百年来人类探索艺术美的结晶，不仅在我国美术史上有重要的地位，而且已经成为世界珍视的文化遗产之一……因此我们必须加倍珍惜敦煌彩塑这一人类历史文化的宝贵财富。

以阿难为例：阿难塑像在莫高窟现在共保存了五十余身，只有到了盛唐时代，特别是像第45窟这样的阿难，才出现了性格描绘，才通过形象反映了更多的内在的东西。

先生对洞窟内容已到了信手拈来的境地，编写的《敦煌莫高窟

内容总录》，已被收入《敦煌学大辞典》，成为敦煌学研究者案头必备的基础资料。他自己说："我在编纂《敦煌莫高窟内容总录》时，虽然得到了考古学、文献学的帮助，更重要的是得力于壁画临摹，壁画内容、时代、审美差别，大多出自十余年的面壁埋头临摹和读书，倘若不是通过较长时间的和壁画接触，许多问题和难点是无法解决的。"对敦煌遗书的情况和内容，先生也是较熟悉的。早在 20 世纪 80 年代初，先生就有敦煌遗书 P.2942《判集》的研究、敦煌遗书 S.1438 背面《书仪》的研究两篇论文。文中指出：

从大历元年（766 年）到建中二年（781 年），河西节度使在甘、肃、瓜、沙四州坚持了 16 年之久，特别是沙州（敦煌）在孤城无援情况下抗击吐蕃军，固守 11 年，为中古时期西北的历史留下了令人注目的一页。这些史实在史传册籍上虽有记载，但文字过于简略，幸有敦煌石室遗书保存了部分有关文献，使河西节度使后期的活动与吐蕃王朝管辖沙州前夕，河西西部的军、政、民情得到一个比较明晰的轮廓。

从历史的因果来考察，没有 8 世纪末沙州的抗蕃斗争，就没有 9 世纪 50 年代的张议潮率众起义，也就没有以后近二百年的归义军史，更没有 9—11 世纪中叶丝绸之路的再度畅通。

也是在 20 世纪 80 年代，先生就写出了《敦煌史略》和《丝绸之路上的敦煌与莫高窟》两篇论文，强调：

敦煌莫高窟艺术是历史的产物，它时时刻刻反映着产生它的年代。

离开河西与敦煌的历史，莫高窟艺术就无从阐述。

这些观点和看法，对以后从事敦煌学的研究者有很大的影响。

三、提出本土文化论，用社会学和美学原理研究敦煌艺术

史先生所提出的本土文化论，用社会学原理去研究敦煌石窟的观点，具有很好的指导意义：

本土文明是从西汉元鼎六年（前111年）前后开始发展生产、发展文化，不间断地积累了近五百年，然后才开始莫高窟的创建。佛教艺术未兴起之前，敦煌已经是具有成熟的汉晋文化的地区，人才辈出，饮誉海内，正是由于它具有这个基本条件，才有可能在佛教艺术中显出独特的才华和鲜明的个性。

当我们清理出敦煌莫高窟的内容与历史时，就会发现古代敦煌人在他们世世代代崇教的石窟寺里留下的不只是信仰，还留下了当时的时代风云、地方兴衰、家族荣辱。在石窟艺术与藏经洞遗书的互相补充、印证中，我们认识了一个漫长的中国

封建社会在一个具体的地区构成的景观……

　　敦煌是莫高窟艺术的摇篮和土壤，研究敦煌的历史是研究莫高窟艺术的重要依据。

　　假如这些泥塑木雕的佛、菩萨会说话，他一定是说着和信仰者同样的语言。假如他能欣赏音乐，一定会和信仰者一样喜欢当地竹丝管弦所表现的节奏和旋律。

从 20 世纪 40 年代到现在，许许多多的绘画高手和美术大家都来过莫高窟，有不少还在研究敦煌艺术，但基本没有人用美学观点和原理从根本上解释敦煌艺术。写美学文章、有美学观点的高尔泰先生曾在莫高窟待过七八年，但没有写过关于莫高窟的美学论文。史苇湘先生几十年前就有意识地用美学原理研究敦煌艺术，具有很高的学术价值。史先生的《产生敦煌佛教艺术审美的社会因素》和《再论产生敦煌佛教艺术审美的社会因素》两篇论文，把敦煌历史、洞窟画塑、遗书资料结合在一起，或纵或横、相互印证、热情洋溢、侃侃而谈，令我们外行读者也十分叹服。请看他的观点和论述：

　　当然，和任何艺术一样，佛教艺术也是把追求美作为首要目的。

　　敦煌艺术的美正在于它包含着憧憬，充满了希望，正因为

人间缺少同情他们、理解他们的笑脸和公正无私的慈怀。

变化着的世俗生活，是产生艺术的源泉，也是佛教艺术审美的依据。

探讨敦煌佛教艺术的审美意义和产生它的社会因素，是深入认识这项伟大文化遗产必须迈进的一步，我们应该为它规范一个稳定的认识标准，既不要打倒，也不要膜拜，不因任何"气候""信息""行情"而改变的客观的价值标准，只有这样才能使佛教艺术从不堪重荷的精神枷锁变为无比珍贵的精神财富。

四、诗情浪漫，书法性真悉露

诗歌和书法是中国传统文化的精华。"诗言志""字如其人"从古以来就是人们的共识。也许是由于学者的严谨和工作太专一所致，敦煌研究院老一辈的学者中，很少有人有诗作传世。比如常书鸿先生、段文杰先生。由于"书画同源"和常用毛笔的缘故吧，比如段文杰先生、高尔泰先生的字，都是一种艺术家的字，透着功力和个性。激情洋溢的史苇湘先生，留下了一些诗歌和墨迹，下面把这几首诗和墨迹照录给大家：

残篇断简理遗书，隋唐盛业眼底浮。

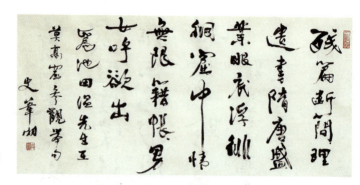

图 68

徘徊窟中情无限，帐籍男女呼欲出。（图 68）

为池田温先生在莫高窟参观举句

大漠风沙四十秋，昔日艺徒今白头。

投荒只缘寻瑰宝，戍边非为觅封侯。

千堵丹青忍遽去，万里乡国甘梦游。

惊喜师友人健在，关月繁魂向渝州。（图 69）

1988 年 6 月 26 日

图 69

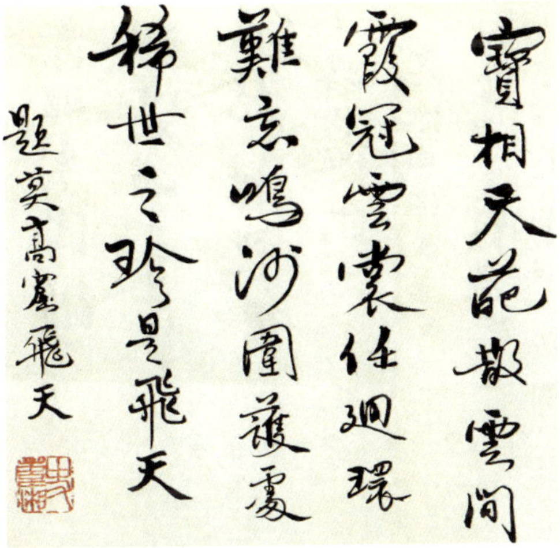

图 70

宝相天葩散云间，霞冠云裳任迴环。

难忘鸣沙围护处，稀世之珍是飞天。（图70）

题莫高窟飞天

坐优钵罗，垂跏红莲。雍容自在，妙相庄严。

杨仗袅袅，瓶水湛湛。大士遗影，丝路留传。（图71）

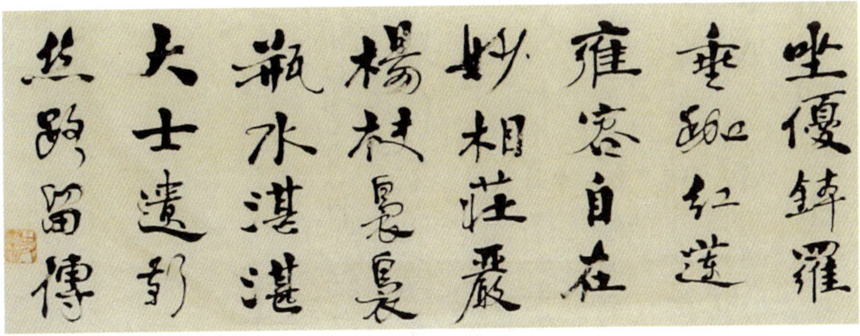

图 71

富士皑皑，三危彤彤。两峰相映，其乐无穷。

窟缅莫高，寺忆法隆。中日人民，情长艺同。（图 72）

怀古觅新声，沙漠万里行。

徘徊渥洼海畔，三度低吟渭城。（图 73）

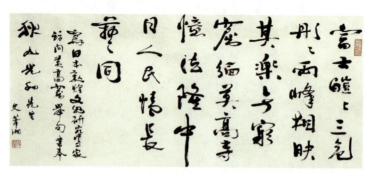

图 72

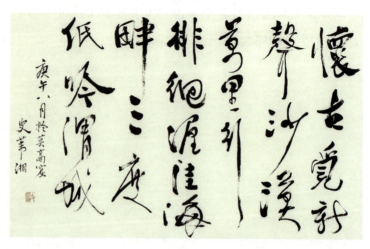

图 73

敦煌拾珠
DUNHUANG SHIZHU

　　史苇湘先生不是诗人，但他热爱莫高窟，献身敦煌艺术的情怀，流露在字里行间。史苇湘先生不是书家，但他的行书字有较深的功力，不同于段文杰先生带有魏碑意的字，他的字充满浪漫情趣，字如其人。确是"意气不同，性真悉露"。

　　最后，让我用史苇湘先生一篇回忆文章中的一段话作结：

　　　　纵观历史，横观世界，我对莫高窟的理解与联想也出现了前所未有的广阔和深远，也许由于多种价值观念在我心上积压得越来越沉重，深深感到思维反应有些迟钝，语言开始晦涩，很难全面而概括地表达我对莫高窟的情怀，我也深悉现状，我是在衰老，而伟大的敦煌艺术却青春永在，魅力长存，将会一代又一代激励着后来的献身者，他们会在你伟大怀抱里继续发掘我们民族无穷的智慧。

　　2016年1月16日是史苇湘先生去世16周年的日子，谨以此文表达对先生的怀念和崇敬。

平山郁夫与敦煌

莫高窟的标志性建筑九层楼前广场的台阶上，立着两块同样大
小的纪念幢。这两块不到两米高
的灰绿色石幢，形制庄严，大小
适中，让人悦目爽心。这是敦煌
研究院于1994年8月为在敦煌
研究和保护上做出很大贡献的日
本画家平山郁夫（图74）和香港
实业家邵逸夫先生建的。

图74 平山郁夫先生

平山郁夫先生的纪念幢（图
75）上写有这样的话："不断为
敦煌研究培养文物保护和学术研
究人才，为发展敦煌研究事业，
1989年10月捐2亿日元，作为
学术基金。为对平山郁夫先生表示敬意，特建此幢，以资纪念。"

平山郁夫先生是日本一代画师，著名教育家，2009年12月2
日病逝，享年79岁。先生生前致力于日本画的创新，推动多国文

图75 莫高窟平山郁夫先生纪念幢

化交流，曾担任东京艺术大学校长、中日友好协会会长、联合国教科文组织亲善大使，在中日关系友好，特别是敦煌文物保护领域，贡献卓著，被日本艺术界誉为"国宝画家""东瀛的敦煌保护神"。

1988年8月，先生陪同当时的日本内阁首相竹下登来敦煌，促成日本政府无偿援助10亿日元，在莫高窟建设"敦煌石窟文物保护和研究陈列中心"，该馆1994年竣工并投入使用，为敦煌石窟文物的保护和研究工作发挥了重要作用。1989年，平山郁夫用个人画展的收入为基础，给敦煌研究院捐款2亿日元，用于敦煌石窟的保护和研究。20世纪80年代中期，敦煌研究院人才缺乏，资金不足，时任东京艺术大学校长的平山郁夫运用自己在日本的社会声望，动员社会多方面力量，积极支持敦煌文物事业的发展。在他的努力筹措下，1985年，敦煌研究院与东京艺术大学开始了人才培养方面的合作，并在资金上得到了支持。三十多年来，东京艺术大学美术学部的保存修复、

东洋美术史、日本画科等研究室为敦煌研究院培养文物保护、美术、敦煌学研究等方面的人才50人次。2014年3月，敦煌研究院与日本东京艺术大学签订了"学术交流协定书"。双方约定，除继续加强人才培养之外，今后还将举办敦煌学、亚洲佛教艺术、美术临摹研究、石窟考古、文物保护等学科领域的学术研讨会。

平山郁夫1930年生于日本广岛，受其大伯影响，从小学习美术。1955年平山郁夫结婚时，一贫如洗，新婚夫妇蜗居在10平方米的平民公寓里。但他们没有被贫穷压倒，痴迷于对艺术的追求中。他们说："生活清贫得连心灵也贫乏了，那么，作为画家，作为人，就完了。"作为广岛核爆炸的幸存者，平山郁夫先生终未逃脱可怕的核辐射后遗症。1957年，他被确诊患上了白血病，但他没有被病魔打倒，唐朝玄奘高僧印度取经的精神影响鼓舞了他。1959年，他以玄奘取经故事为主题，创作完成了成名作《佛教传来》，画中的玄奘历经坎坷，即将抵达故土。这幅画引起了日本美术界的关注。这是他用生命和精神追求铸成的巨作，在忘我的艺术追求中，他竟不知不觉战胜了病魔。平山郁夫先生曾说："清贫和困苦本身没有什么意义和价值，然而如果从中学到了什么，并能在日后的人生中加以运用，其价值和意义就变了。"

去敦煌之梦，经历了二十多个春秋之后，1979年9月16日，如愿以偿。在敦煌发生过水灾，县城大部分房屋被淹的情况下，平山郁夫先生和夫人美知子参观了莫高窟、月牙泉。在仅仅几天的时间内，他临摹写生作品120多幅。他曾在回忆中这样描写第一次来敦煌的感受："我看到的是一座宝山，珍贵的文化遗产。石窟中的

一切，使我如同触电一样原地不动地伫立着。太棒了！精彩极了！我几度赞叹，但不知如何表达自己的心情。""我站在这些壁画之前，常常会感到无法言传的激动，以至呆若木鸡。这些超越时空、超越国界、超越所有人的价值观的壁画，足以和近代法国的鲁奥画匹敌。"他几乎每年都要率领东京艺术大学师生来敦煌学习考察，他曾 30 多次考察丝绸之路文物遗存，致力于保护与抢救。佛教和丝绸之路一直是贯穿他一生绘画的主要题材。平山郁夫先生的《敦煌》很有特色：从鸣沙山到地平线，茫茫大漠延伸着，沙漠中有一片神奇的绿洲，在这里，莫高窟威严耸立。他还有《入涅槃幻想》《佛说阿含经卷五》等作品获奖。

常书鸿先生说："我感到平山先生的画有一种宗教式的虔诚与真诚，有一种心灵的静谧。"

范曾先生说："他的所有作品都是充满了和平、友爱和人类同舟共济的思想的。抱着这样的善良的愿望，他的画面的气氛总是宁静、圣洁甚至带有一种东方宗教的色彩。"

平山郁夫先生独特的艺术视角和深邃的日本画表现风格，还有他的宗教情怀和心灵追求，使他享誉世界。1998 年，平山郁夫先生荣获日本政府颁发的文化勋章。2000 年 8 月，在敦煌藏经洞发现 100 周年学术会上，中国国家文物局和甘肃省政府向平山郁夫先生颁发了"敦煌文物保护研究特殊贡献奖"。2002 年，中国政府向平山郁夫先生颁发了"文化交流贡献奖"。

平山郁夫留给敦煌的物质与精神财富，会永远被人们铭记。

图书在版编目（CIP）数据

敦煌拾珠 / 姜德治著 . —— 兰州：甘肃文化出版社，
2016. 6（2022.12 重印）

ISBN 978-7-5490-1069-1

Ⅰ . ①敦⋯ Ⅱ . ①姜⋯ Ⅲ . ①敦煌学—研究　Ⅳ .
① K870.6

中国版本图书馆 CIP 数据核字（2016）第 129872 号

敦煌拾珠

姜德治 ∣ 著

责任编辑 ∣ 鲁小娜
装帧设计 ∣ 陈晓燕

出版发行 ∣ 甘肃文化出版社
网　　址 ∣ http://www.gswenhua.cn
投稿邮箱 ∣ gswenhuapress@163.com
地　　址 ∣ 兰州市城关区曹家巷 1 号　730030（邮编）

营销中心 ∣ 贾　莉　王　俊
电　　话 ∣ 0931-2131306

印　　刷 ∣ 天津图文方嘉印刷有限公司
开　　本 ∣ 787 毫米 ×1092 毫米　1/16
字　　数 ∣ 133 千
印　　张 ∣ 12
版　　次 ∣ 2016 年 7 月第 1 版
印　　次 ∣ 2022 年 12 月第 3 次
书　　号 ∣ ISBN 978-7-5490-1069-1
定　　价 ∣ 49.00 元

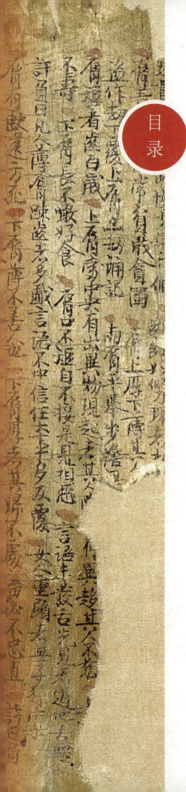

目录

自　序

　　生活变好，旅游升温，地球转动，丝路复兴，敦煌遗存的价值日益增升。更多地认识和了解敦煌，不但是专家的工作，已成为普通人的需求。我是一个六十大几的敦煌人，古代法显六十二岁西去求经的精神和毅力，常常使我感动不已。现今社会的飞速发展和家乡的兴盛常常使我惊叹不已。思古观今，激情满怀。缘于此，我从敦煌遗存的丰厚宝库中拾取了几颗珍珠，展现给十八万敦煌人民，奉献给所有的读者，但愿此书能有益于大家更深地了解敦煌、热爱敦煌，提高对中华文化的认识，加深对中华文化的理解。

　　最后，让我用今人史苇湘先生的一段话作结："纵观历史，横观世界，我对莫高窟的理解与联想也出现了前所未有的广阔和深远，也许由于多种价值观念在我心上积压得越来越沉重，深深感到思维反应有些迟钝，语言开始晦涩，很难全面而概括地表达我对莫高窟的情怀，我也深悉现状，我是在衰老，而伟大的敦煌艺术却青春永在，魅力长存，将会一代又一代激励着后来的献身者，他们会在你伟大怀抱里继续发掘我们民族无穷的智慧。"

2015 年 7 月于敦煌

姜德治 著

敦煌拾珠
Dunhuang Shizhu

甘肃文化出版社